缠中说禅

教你轻松炒股票

（第2版）

鲍迪克◎编著

人民邮电出版社

北京

图书在版编目（CIP）数据

缠中说禅教你轻松炒股票 / 鲍迪克编著. -- 2版
. -- 北京 ：人民邮电出版社，2020.11
ISBN 978-7-115-54891-7

Ⅰ．①缠… Ⅱ．①鲍… Ⅲ．①股票投资－基本知识
Ⅳ．①F830.91

中国版本图书馆CIP数据核字(2020)第179312号

内 容 提 要

本书共9章，全面解析了缠论的精华，包括K线入门、分型与笔、线段、中枢、级别法则、背驰形态、买卖点法则等，并且在深入解读缠论的基础上，着重阐述了缠论的要领，增加了对难点的专题解读和对交易心态的解析，从而由浅入深地帮助读者从零开始学习缠论。

本书最大的特色是配有大量的股票图、示意图，采用图文结合的形式解读深奥的内容。本书充满了趣味性和可读性，能够更好地向读者传达缠论精髓。

投资者要想在股市中获得投资收益，就要提高投资技术、完善投资理念，而本书的目的就是帮助读者掌握缠论这一利器，从而获得投资收益。

◆ 编　　著　鲍迪克
责任编辑　李士振
责任印制　周昇亮

◆ 人民邮电出版社出版发行　　北京市丰台区成寿寺路 11 号
邮编　100164　　电子邮件　315@ptpress.com.cn
网址　https://www.ptpress.com.cn
涿州市京南印刷厂印刷

◆ 开本：700×1000　1/16
印张：13.5　　　　　　　　2020 年 11 月第 2 版
字数：191 千字　　　　　　2025 年 10 月河北第 23 次印刷

定价：59.80 元

读者服务热线：(010)81055296　印装质量热线：(010)81055316
反盗版热线：(010)81055315

学缠终成禅：缠师的人文情怀

本书中的一系列文章来自博主缠中说禅（以下简称"缠师"）的新浪博客。

据缠师在博文中自述，他在 20 世纪 90 年代初开始进入资本市场。凭借对市场的灵敏洞察，他白手起家，十几年间不断在股市中获利。

不仅如此，缠师曾推断上证指数会在 2005 年年中见到历史大底，并且之后会有一轮大牛市。于是在空仓 4 年之后，缠师重新回到股市。

紧接着，在 2007 年 10 月上证指数创出 6 124 点的历史高点后不久，缠师更是利用自己独创的理论体系，判断出这是国内股市见顶的信号。同时，他精准预言了由 2007 年爆发的美国次贷危机引发并扩散到全球的金融危机，并且断言这次危机的级别堪比 1929 年的世界经济大危机。

遗憾的是，缠师在 2008 年 10 月 10 日发表最后一篇博文后突然停更，此后一直未有更新。传其因患鼻咽癌，于 2008 年 10 月 31 日去世，离世时不到 40 岁。

缠师的博客停止更新后，无数网友开始猜测其真实身份。虽一直有分析和推测，但其真实身份至今仍然成谜。

缠师自 2002 年到 2008 年，以不同的网名，共发表博文等作品 1 848 篇，文章内容涉及面广，知识体系完整，语言犀利，涵盖时政经济、数理科技、文史哲学、音乐艺术等领域。

在其众多的博文中，"教你炒股票"系列文章对当时以及现今的投资者的影响最大。文章的核心内容"缠论"有别于道氏理论、波浪理论、江恩理论和其他技术分析理论。缠师的主要思路是以几何为中心，以最小级别的分型、笔、线段为初始条件，层层推出各级别的中枢以及走势类型。缠师用独创的理论进行实战性指导，而且缠论最后经受住了考验，被广大的投资者使用。随着互联网的发展和信息的传播，越来越多的人加入学习缠论的队伍中。

鲍迪克

2020 年 9 月

目录
CONTENTS

第3章 缠论基本功之线段

第4章 缠论实战之中枢

第5章 | 缠论实战之级别法则

第6章 缠论实战之背驰形态

第7章 | 缠论实战之买卖点法则

第8章 | 缠论解读市场主力克星

第9章 | 学缠终成禅：交易心理解析

第1章
缠论之K线入门

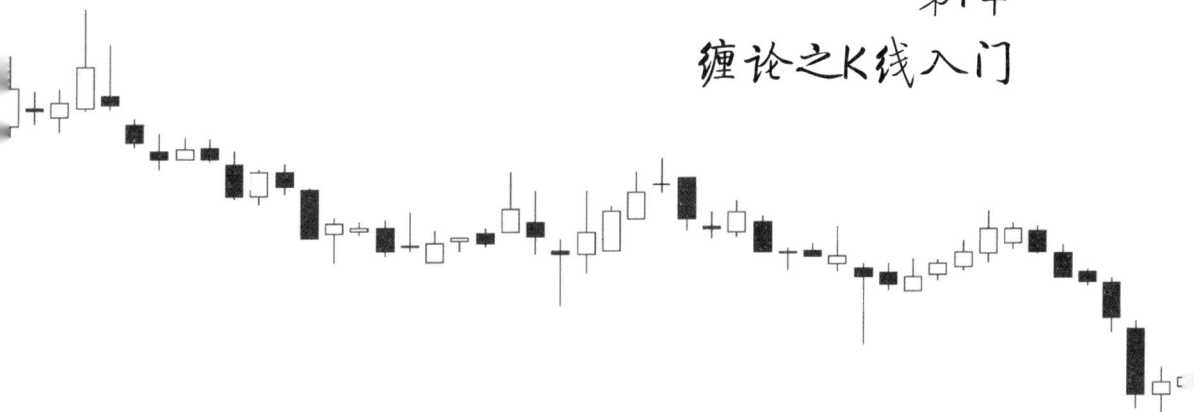

本/章/导/读

　　K线图因其形状像蜡烛，所以又被称为蜡烛图，也叫蜡烛曲线图。英文中"蜡烛"（Candle）与"曲线"（Curve）的首字母都发"K"的音，因此简称其为K线图。

　　缠论是建立在K线图的基础之上的。学习缠论，首先就要了解K线及K线图。本章将带领投资者认识K线图、了解K线图的来源、掌握K线图的基本结构等。

1.1 / 基本的K线形态

我们知道 K 线图又被称为蜡烛图或阴阳图。K 线理论起源于日本，是一种较为古老的股票交易技术分析方法。日本人很早就开始利用 K 线图来分析大米期货市场，股市 K 线理论由此发展起来。

这里我们不再赘述 K 线理论，而是重点介绍 K 线图及 K 线形态。掌握了 K 线图的基础知识后，投资者将更容易理解缠论的分型、笔、走势、背驰等内容，否则"如看天书，不得其要"。

形态解析

图 1-1 为股票市场的 K 线图。观察可以发现，K 线图由多根柱体组成。这些柱体有的是有颜色的，有的是没有颜色的；有的柱体比较长，有的柱体比较短；有的柱体上下连接着长短不一的线条，有的柱体上下没有连接线条。这些都是 K 线的不同形态，下面将对其进行详细解读。

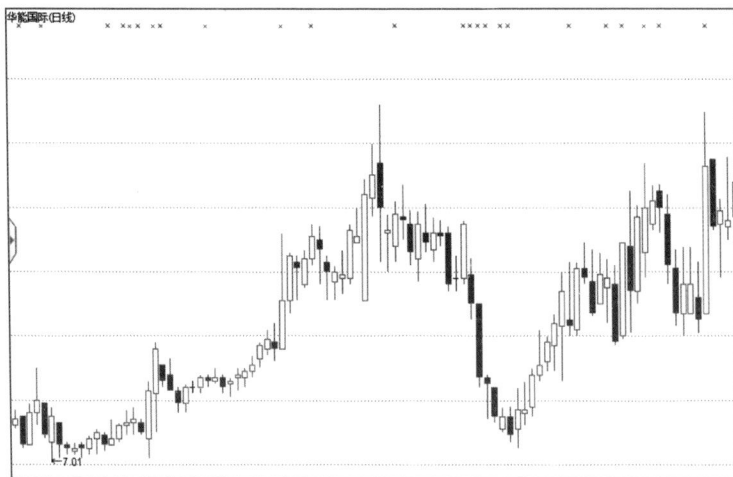

图1-1　K线图

形态解析

（1）如图 1-2 所示，K 线由影线和柱体组成。在柱体上方的影线叫上影线，在柱体下方的影线叫下影线。影线表示当天交易的最高价和最低价。

（2）K 线分为阳线和阴线。图 1-2 所示为 K 线图中的阳线。若当日收盘价高于开盘价，则该 K 线被称为阳线。阳线在 K 线图中的形态为：开盘价在下部，收盘价在上部，柱体为红色的实心或空心。

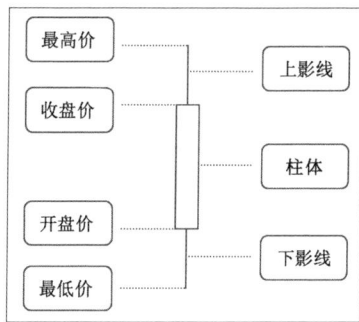

形态解析

（1）图 1-3 中的白色柱体即为 K 线的阳线形态。当日收盘价高于开盘价，开盘价在下部，收盘价在上部，柱体为红色的实心或空心。其中，影线表示当天交易的最高价和最低价。

（2）仔细观察图 1-3 可以发现，有些阳线没有上影线，有些阳线没有下影线。这可以分为以下两种情况：当最高价等于收盘价时，阳线没有上影线；当最低价等于开盘价时，阳线没有下影线。

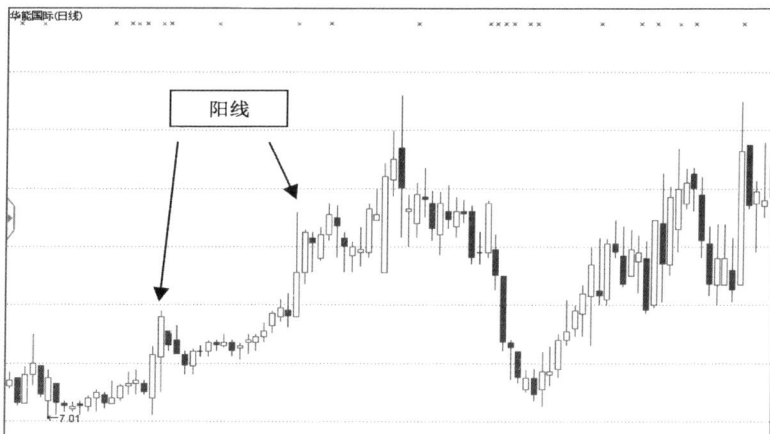

图1-2　阳线

图1-3　K线图中的阳线

形态解析

（1）如图 1-4 所示 K 线由影线和柱体组成。在柱体上方的影线叫上影线，在柱体下方的影线叫下影线。影线表示当天交易的最高和最低价。

（2）K 线分为阳线和阴线。图中为 K 线图中的阴线，若当日收盘价低于开盘价，则该 K 线被称为阴线。阴线在 K 线

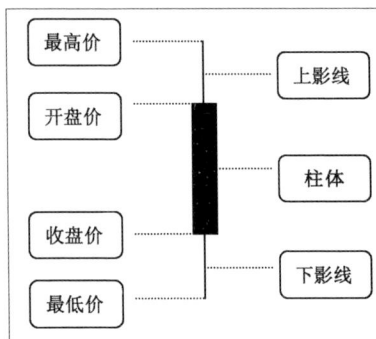

图1-4　阴线

图中的形态为：开盘价在上部，收盘价在下部，柱体为绿色或黑色的实心。

形态解析

（1）图 1-5 中的黑色柱体即为 K 线的阴线形态。当日收盘价低于开盘价，开盘价在上部，收盘价在下部，柱体为绿色或黑色的实心。其中影线表示当天交易的最高价和最低价。

（2）仔细观察图 1-5 可以发现，有些阴线没有上影线，有些阴线没有下影线。这可以分为以下两种情况：当最高价等于开盘价时，阴线没有上影线；当最低价等于收盘价时，阴线没有下影线。

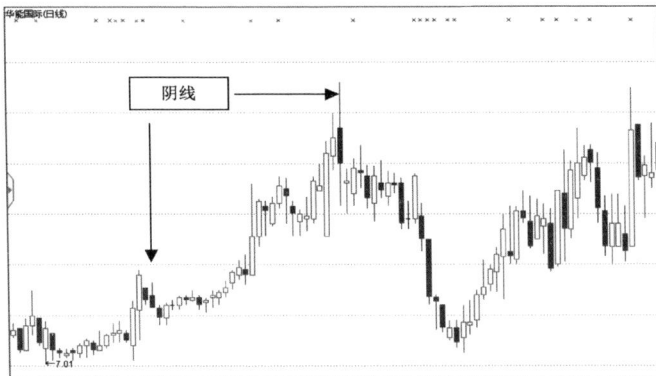

图1-5　K线图中的阴线

除了图 1-2 和图 1-4 中的 K 线形态之外,还有一种特殊的 K 线形态,即"十字线",也被称为"十字星",一般用"＋"来表示,如图 1-6 所示。

图1-6　十字线

形态解析

(1) 图 1-7 中箭头所指为 K 线图中的十字线。若当日收盘价等于开盘价,则该 K 线以十字线形态出现,在 K 线图中的形态为:开盘价、收盘价、柱体三者重合。

(2) 十字线还会有以下两种情况:当最高价等于开盘价时,没有上影线;当最低价等于收盘价时,没有下影线。

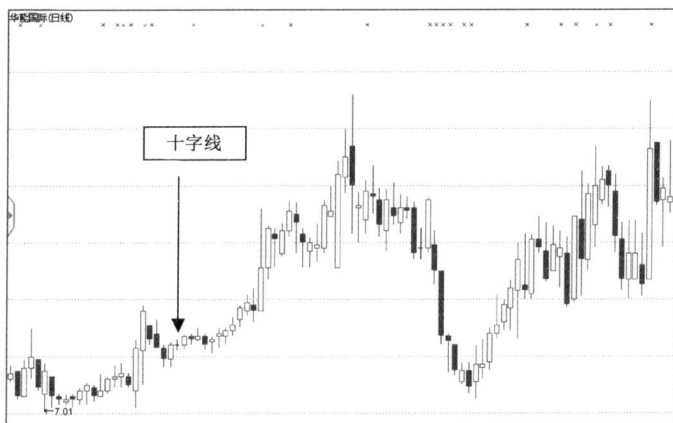

图1-7　K线图中的十字线

柱体与上、下影线的概念如图 1-8 所示。

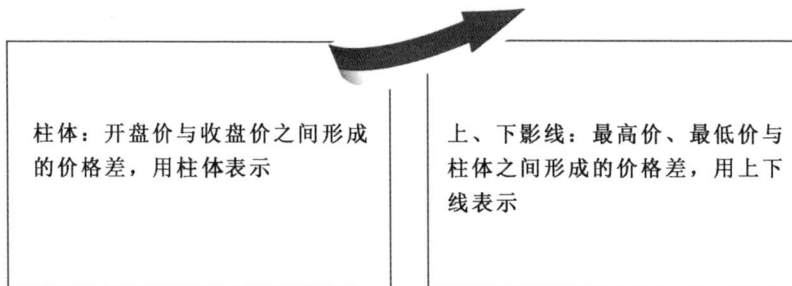

图1-8 柱体与上、下影线的概念

1.2/ 根据波动范围来划分K线

根据开盘价与收盘价的波动范围，可以将 K 线划分为小阴星、小阳星、小阴线、小阳线、中阴线、中阳线、大阴线、大阳线等线型。

⌄⌄ 形态解析

（1）图 1-9 所示为小阳星与小阴星的形态。小阳星与小阴星的柱体部分很短，其中柱体为空心或红色的为小阳星，柱体为黑色或绿色的为小阴星。

（2）小阳星与小阴星表示股价的波动在 0.5% 左右。

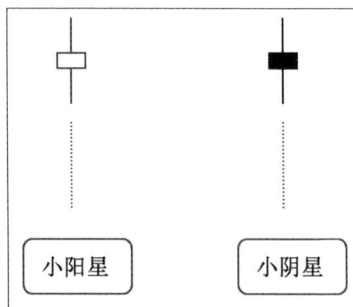

图1-9 小阳星与小阴星

⌄⌄ 形态解析

（1）图 1-10 中标注位置为 K 线图中的小阳星与小阴星。小阳星代表在整个交易日中股价的波动很小，开盘价与收盘价极其接近，收盘价略高于开盘价。

小阳星的出现，表明此时行情不明，后市的走势无法预测。

（2）小阴星的形态与小阳星相似，只是收盘价略低于开盘价，表明行情疲软，发展方向不明。

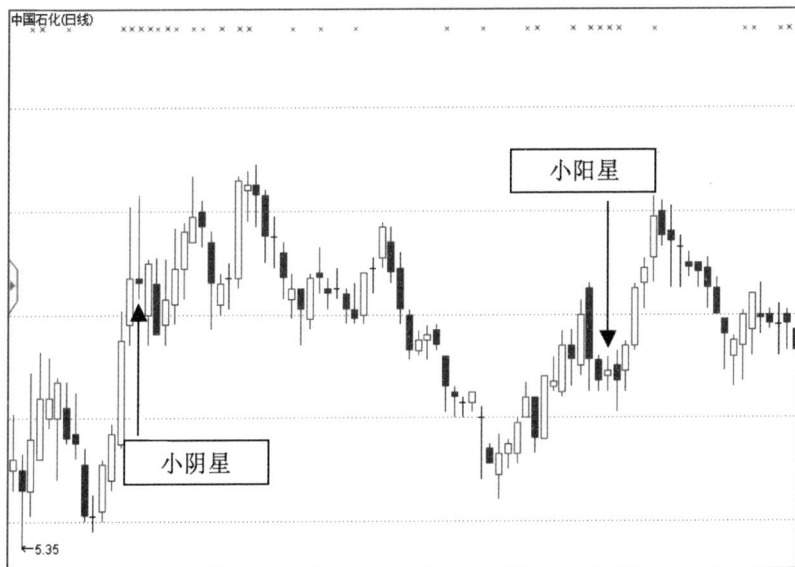

图1-10　K线图中的小阳星与小阴星

形态解析

（1）图 1-11 所示为小阳线与小阴线的形态。小阳线与小阴线的柱体部分相较于小阳星与小阴星要稍长一些。其中柱体为空心或红色的为小阳线，柱体为黑色或绿色的为小阴线。

（2）小阳线与小阴线表示股价的波动范围为 0.6% ~ 1.5%。

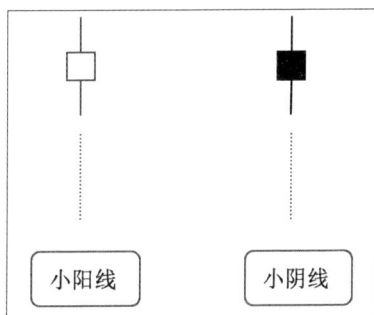

图1-11　小阳线与小阴线

形态解析

图1-12中标注位置为K线图中的小阳线与小阴线。小阴线表示空方呈清理浮筹态势，但力度不大。小阳线表示股价的波动范围较小，阳星增大，多方力量稍占上风，但上攻乏力，后市行情发展趋势不明。

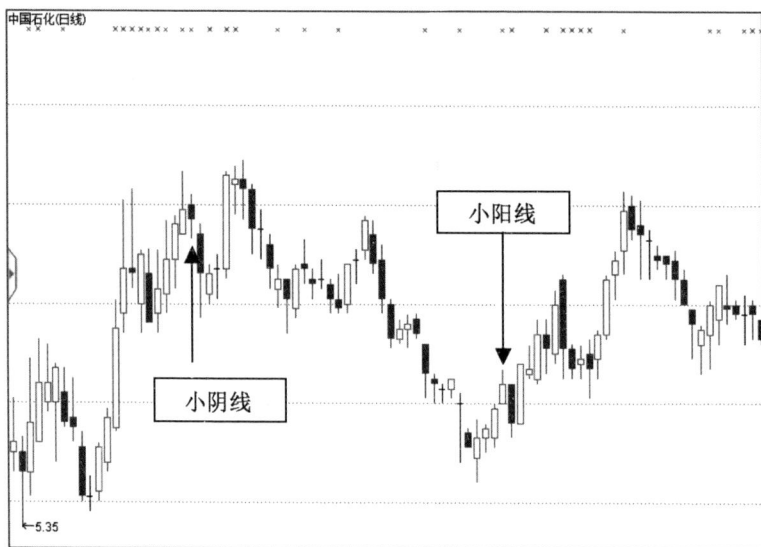

图1-12　K线图中的小阳线与小阴线

形态解析

（1）图1-13所示为中阳线与中阴线的形态。中阳线与中阴线的柱体部分相较于小阳线与小阴线稍长一些。其中柱体为空心或红色的为中阳线，柱体为黑色或绿色的为中阴线。

（2）中阳线与中阴线表示股价的波动范围为1.6% ~ 3.5%。

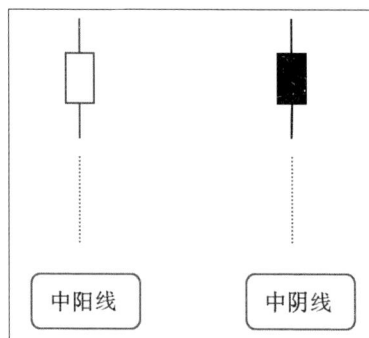

图1-13　中阳线与中阴线

形态解析

图 1-14 中标注位置为 K 线图中的中阳线和中阴线。一般认为，中阳线和中阴线对于大盘有整体影响，中阴线代表后市看跌，中阳线则代表后市看涨。很多时候，中阳线和中阴线往往是股市行情的转折点，但具体情况也要根据大局形势来判断。

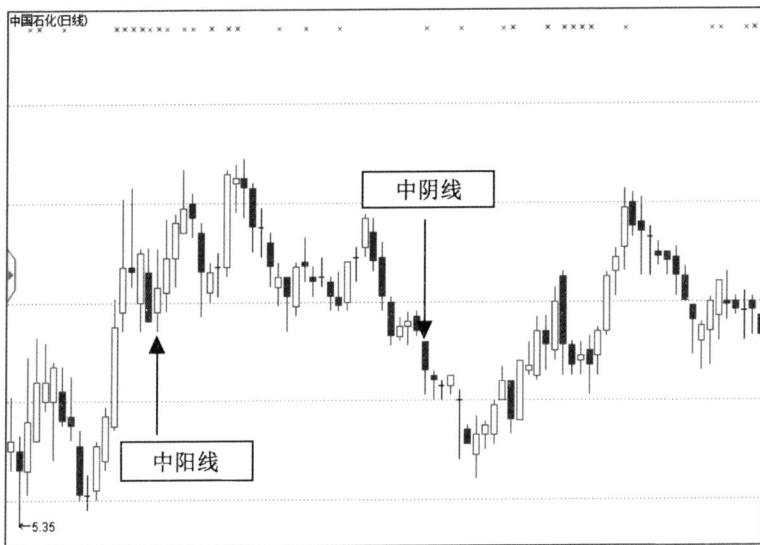

图1-14 K线图中的中阳线与中阴线

形态解析

（1）图 1-15 为大阳线与大阴线的形态。大阳线与大阴线的柱体部分相较于中阳线与中阴线稍长一些。其中柱体为空心或红色的为大阳线，柱体为黑色或绿色的为大阴线。

（2）大阳线与大阴线表示股价的波动在 3.6% 以上。

图1-15 大阳线与大阴线

📎 形态解析

图 1-16 中标注位置为 K 线图中的大阳线和大阴线。大阴线表示多空双方僵持近一日，空方在尾盘突然放量下攻，表明空方在一日交战中最终占据了主导优势，次日低开的可能性较大。

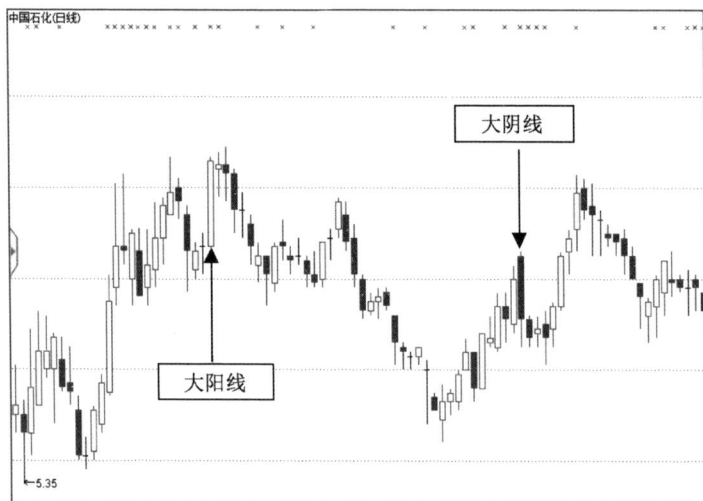

图1-16　K线图中的大阳线与大阴线

除了以上几种 K 线图的形态之外，还有以下几种经常在 K 线图中出现的形态。

📎 形态解析

（1）图 1-17 所示为上吊阳线。上吊阳线没有上影线或上影线很短，柱体很小，为空心或红色，有下影线并且下影线很长，下影线长度通常是柱体的 2 倍左右。

（2）上吊阳线一般出现在高位上。如果上吊阳线出现在低价区域，并且在股价探底过程中成交量萎缩，之后随着股价的逐步攀高，成交量呈均匀放大态势，并最终以阳线报收，则预示后市股价看涨。

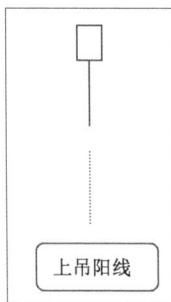

图1-17　上吊阳线

形态解析

（1）图 1-18 中左边的图形所示为
上影阳线。该上影阳线有柱体并且柱
体为空心或红色，有上影线和下影线，
并且上影线长于下影线。该上影阳线
的出现，表示多方攻击时上方抛压沉
重，说明此时浮动筹码较多，涨势不强，
股价能否继续上升尚不明朗。

（2）图 1-18 中右边的图形所示为
下影阳线。该下影阳线有柱体并且柱

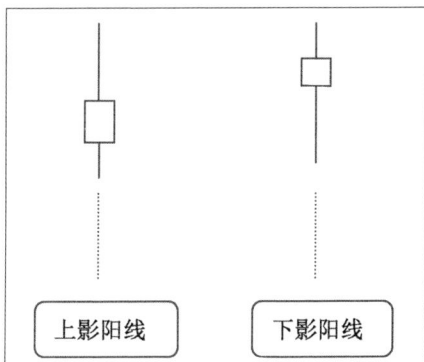

图1-18　上影阳线和下影阳线

体为空心或红色，有上影线和下影线，但上影线短于下影线。该下影阳线的出
现，表示多空交战中多方的攻击沉稳有力，股价先跌后涨，并且有进一步上涨
的可能。

形态解析

（1）图 1-19 中左边的图形所示为光
头阳线。光头阳线有柱体并且柱体为空心
或红色，有下影线、无上影线。光头阳线
是表示当天以最高价收盘的一种上涨 K 线
形态。当天阳线的重点不在于是大阳线还
是小阳线，而在于"光头"。光头阳线如
果出现在低价位区域，在走势图上表现为
股价探底后逐浪走高且成交量同时放大，
预示着新一轮上升行情的开始；如果出现
在上升行情中，则表明后市继续看好。

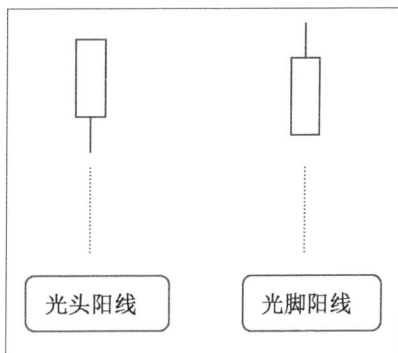

图1-19　光头阳线和光脚阳线

（2）图1-19中右边的图形所示为光脚阳线。光脚阳线有柱体并且柱体为空心或红色，有上影线、无下影线。光脚阳线表示上升势头很强，但多空双方在高价位处有分歧，遇到此种形态时应谨慎。

形态解析

（1）图1-20中左边的图形所示为上影阴线。上影阴线有柱体并且柱体为黑色或绿色，有上影线和下影线，但上影线长于下影线。上影阴线出现在高价位区时，说明上档抛压严重、行情疲软，股价有反转下跌的可能；如果出现在中价位区的上升途中，则表明后市仍有上升空间。

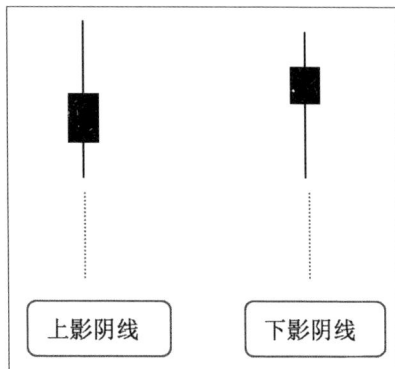

图1-20　上影阴线和下影阴线

（2）图1-20中右边的图形所示为下影阴线。下影阴线有柱体并且柱体为黑色或绿色，有上影线和下影线，但上影线短于下影线。下影阴线出现在低价位区时，说明下档承接力较强，股价有反弹的可能。

形态解析

（1）图1-21中左边的图形所示为光头阴线。光头阴线有柱体并且柱体为黑色或绿色，有下影线、无上影线。光头阴线的出现，表示股价虽有反弹，但上档抛压沉重，空方趁势吸筹会使股价以阴线报收。

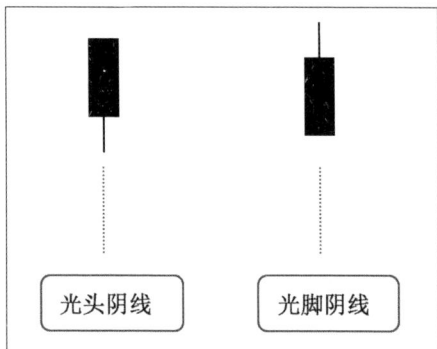

图1-21　光头阴线和光脚阴线

（2）图1-21中右边的图形所示为光脚阴线。光脚阴线有柱体并且柱体为黑色或绿色，有上影线、无下影线。

如果光脚阴线出现于低价位区，则说明资金的参与使股价有反弹的可能，但力度不大。

形态解析

（1）图1-22所示为下影十字星、倒T形线和T形线的图形。其中，下影十字星无柱体部分，有上影线和下影线，但上影线短于下影线。T形线无柱体部分，有下影线、无上影线。下影十字星、T形线出现在低价位区时，说明下档承接力较强，股价有反弹的可能。

（2）倒T形线无柱体部分，有上影线、无下影线。倒T形线出现在高价位区时，说明上档抛压严重、行情疲软，股价有反转下跌的可能；如果出现在中价位区的上升途中，则表明后市仍有上升空间。

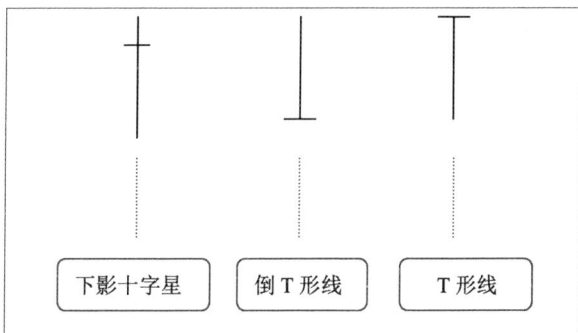

图1-22　下影十字星、倒T形线和T形线

形态解析

（1）图1-23中左边的图形所示为光头光脚阳线。光头光脚阳线有柱体部分，并且柱体为空心或红色，无上影线和下影线。光头光脚阳线的出现，表示多方已经牢牢控制盘面，股价逐浪上攻，涨势强烈。

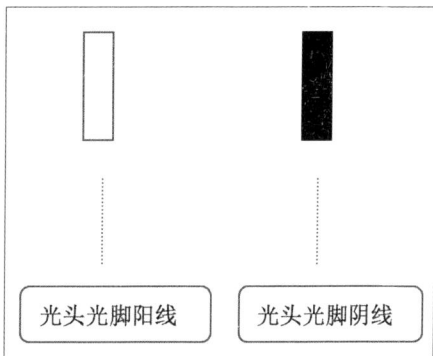

图1-23　光头光脚阳线和光头光脚阴线

（2）图 1-23 中右边的图形所示为光头光脚阴线。光头光脚阴线有柱体部分，并且柱体为黑色或绿色，无上影线和下影线。光头光脚阴线表示空方在一日交战中最终占据了主导优势，多方无力抵抗，股价的跌势强烈，次日低开的可能性较大。如果在股价的高位区出现光头光脚阴线，那么投资者最好在最短的时间内，减持手中的相应股票，尽可能规避风险。

1.3／ 日K线图、周K线图、月K线图、季K线图、年K线图

为了满足投资者的不同需要，根据 K 线的计算周期可将其分为日 K 线图、周 K 线图、月 K 线图、季 K 线图和年 K 线图。

形态解析

如图 1-24 所示，日 K 线图是指根据当日开盘价、当日收盘价、当日最高价和当日最低价绘制的 K 线图。

图1-24　福建高速日K线图

形态解析

如图 1-25 所示，周 K 线图是指根据每周一的开盘价、周五的收盘价、全周最高价和全周最低价绘制的 K 线图。

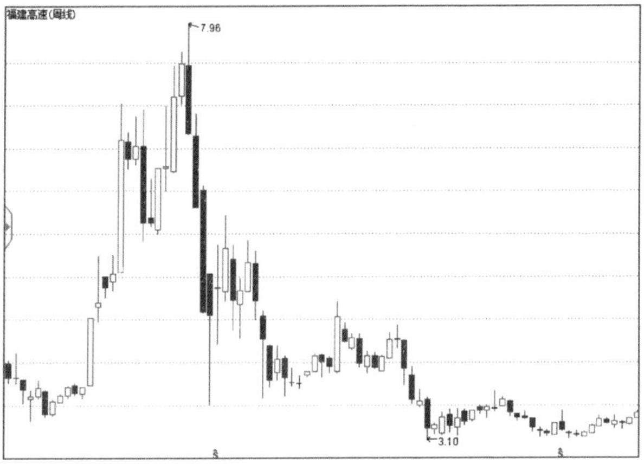

图1-25　福建高速周K线图

形态解析

如图 1-26 所示，月 K 线图是根据每个月的第一个交易日的开盘价、最后一个交易日的收盘价、全月最高价和全月最低价绘制的 K 线图。

图1-26　福建高速月K线图

形态解析

如图 1-27 所示，季 K 线图是根据每个季度的第一个交易日的开盘价、最后一个交易日的收盘价、全季度最高价和全季度最低价绘制的 K 线图。

季 K 线图一般用来判定大盘走势及个股的大趋势。

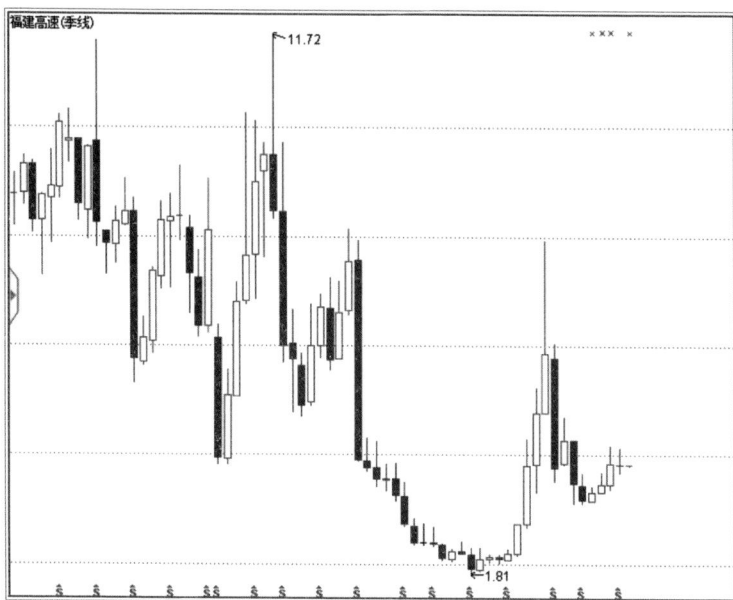

图1-27　福建高速季K线图

形态解析

如图 1-28 所示，年 K 线图是根据每年的第一个交易日的开盘价、最后一个交易日的收盘价、全年最高价和全年最低价绘制的 K 线图。

年 K 线图主要用来判定大盘走势及个股的大趋势，也就是分析判断中长期走势。

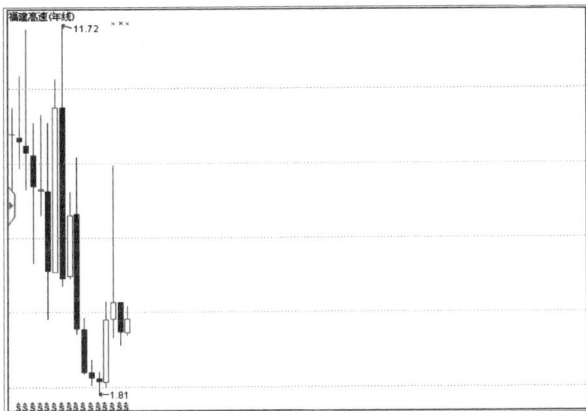

图1-28　福建高速年K线图

日 K 线图、周 K 线图、月 K 线图常用于研判短期行情；季 K 线图、年 K 线图常用于研判中长期行情。

对于短线投资者来说，众多分析软件提供的 5 分钟 K 线图、15 分钟 K 线图、30 分钟 K 线图和 60 分钟 K 线图也具有极高的参考价值。

⌄⌄ 形态解析

如图 1-29 所示，5 分钟 K 线图就是以 5 分钟为间隔，根据这 5 分钟内的开盘价、收盘价、最高价和最低价绘制而成的 K 线图。

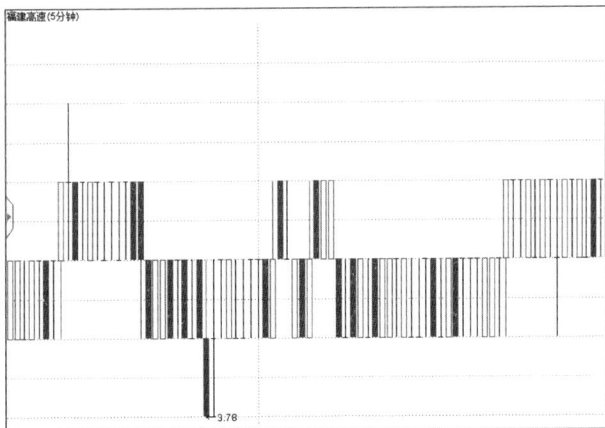

图1-29　福建高速5分钟K线图

形态解析

如图1-30所示，60分钟K线图是指以个股在60分钟前的价格作为开盘价和60分钟时的价格作为收盘价而制作的K线图。K线图是表示单位时间内价格变化情况的技术分析图，60分钟K线图就是表示过去60分钟内的价格变化情况的图。

图1-30　福建高速60分钟K线图

不同的投资者看K线图，会有不同的"看法"，因此同样一张K线图摆在不同的投资者面前，会被"分析"出众多不同的结果。也正是因为这样，资本市场的博弈异常激烈，吸引着众多投资者参与。

1.4/ 股市中K线图的优点和缺点

人们之所以用K线图来分析价格走势，是因为K线图简单明了。具体来讲，K线图的优点如图1-31所示。

K线图可以将每个交易日的开盘价、收盘价、最高价、最低价都表示出来，简单易懂

K线图有不同的计算周期，可以明确地将各个阶段的价格走势表示出来，便于交易者判断趋势

K线图的优点

在实际运用中，K线图可与趋势以及各类指标结合，便于交易者确认交易时机

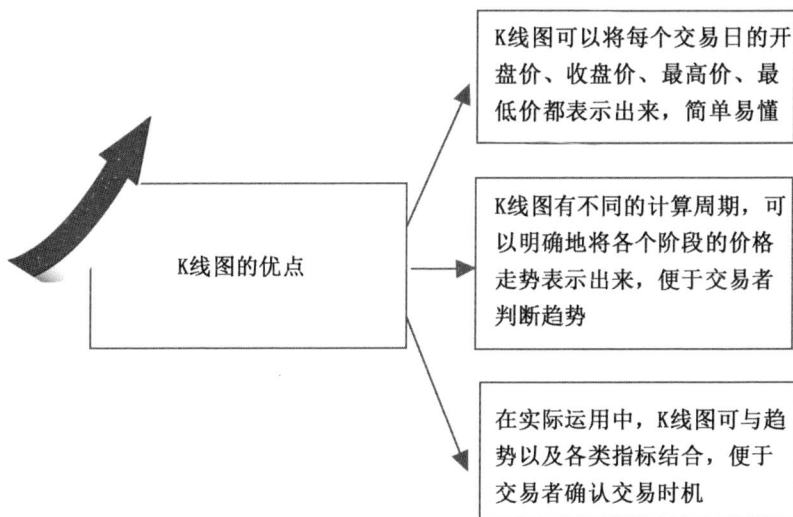

图1-31　K线图的优点

总的来说，价格清晰、走势清晰、便于分析，是 K 线图的优点。但 K 线图也有缺点，K 线图的缺点如图 1-32 所示。

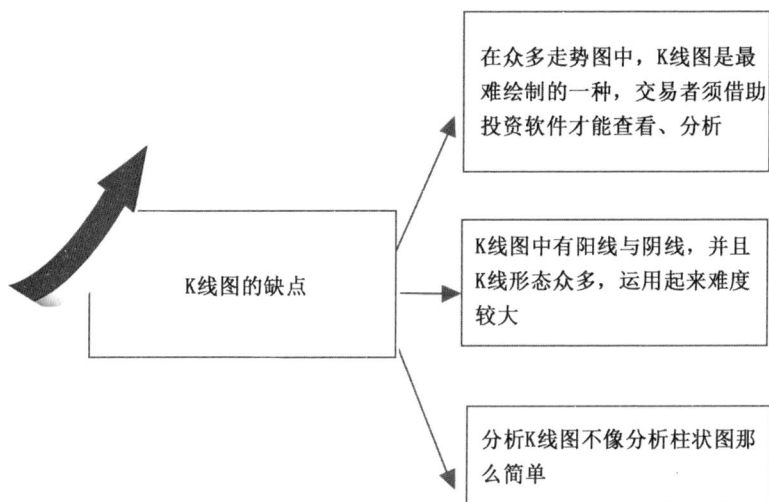

在众多走势图中，K线图是最难绘制的一种，交易者须借助投资软件才能查看、分析

K线图中有阳线与阴线，并且K线形态众多，运用起来难度较大

K线图的缺点

分析K线图不像分析柱状图那么简单

图1-32　K线图的缺点

　　K线图虽然有缺点，但因其准确、清晰等特性，还是受到众多交易者的青睐。

　　K线基础知识是技术分析的入门知识，也是学习缠论之前必须了解的基础知识。读者先学习K线的基础知识，再学习缠论中的分型、笔、走势和背驰等，就能更好地理解缠师独特的技术分析方法。后面我们将重点讲解缠论的分型、笔、中枢和走势等知识，学习这些内容时会大量地应用K线基础知识，因此读者一定要在认真读懂第1章后，再开始后面的学习。

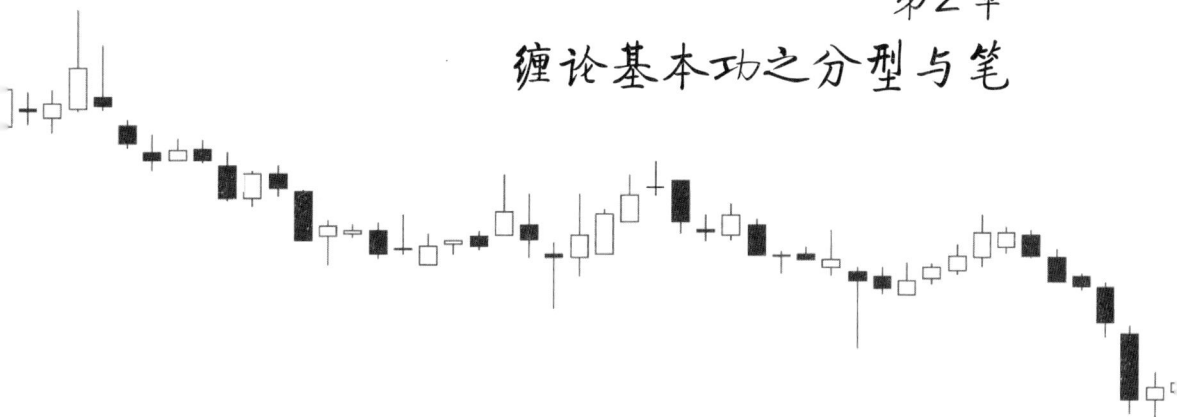

第2章
缠论基本功之分型与笔

本 / 章 / 导 / 读

这一章会重点介绍分型和笔。

分型是缠论K线系统中最基本的定位工具，并且可向下发展为笔，它是缠论中最基本的概念，也是其他形态的组成部分。

笔是由分型发展而来的，是线段最基本的构成部分。在缠论中，"走势终完美"是其核心内容，其他内容几乎都是围绕"走势终完美"产生的，其中笔是走势的最小的计量单位。

2.1 / K线的包含和处理

在具体定义分型之前，先介绍一种不规则的情况，即相邻 K 线之间的包含关系。

2.1.1 K线的包含关系与非包含关系的分类

在缠论中，K 线存在包含关系和非包含关系两种形态。

在实际图形里，相邻的两根K线可能出现图2-1所示的包含关系，即一根K线的高低点全在另一根K线的范围内。

——缠中说禅教你炒股票62课

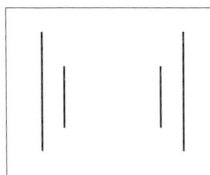

图2-2就给出了在经过处理、没有包含关系的图形中，3根相邻K线之间所有可能的组合。

——缠中说禅教你炒股票62课

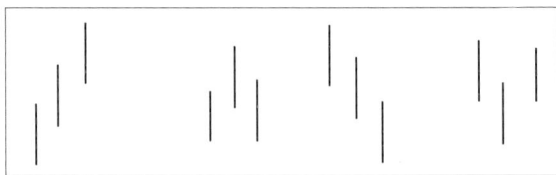

图2-1　包含关系　　　　　　　图2-2　非包含关系

1. 包含关系

正如缠师所说，K 线的包含关系是指，相邻的两根 K 线，一根 K 线的高低点全都在另一根 K 线的范围内。

形态解析

（1）在 7 种有包含关系的 K 线形态中，相邻的 2 根 K 线，无论是谁包含谁，都是包含关系，如图 2-3 所示。

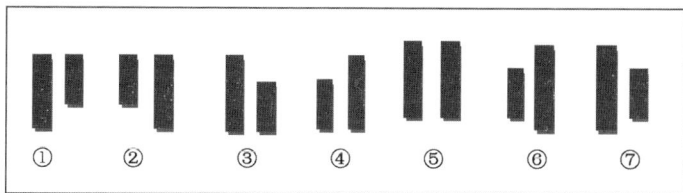

图2-3　7种有包含关系的K线形态

（2）以图 2-3 中的 ① 为例，右侧短 K 线的高低点完全在左侧长 K 线的高低点范围内，因此两根 K 线为包含关系。

2. 非包含关系

K 线的非包含关系是指，在相邻的 K 线中，一根 K 线的高低点不完全在另一根 K 线的范围内。

形态解析

（1）如图 2-4 所示，在 4 种有非包含关系的 K 线形态中，相邻的 K 线都不属于包含关系。其中 I 为上升 K 线，II 为下降 K 线，III 为顶分型 K 线，IV 为底分型 K 线。

（2）以图 2-4 中的 I 为例，图形中最左边的 K 线的高低点并不完全在中间 K 线的高低点的范围内；同样，中间的 K 线的高低点也不完全在最右边 K 线的高低点的范围内。因此这种形态属于非包含关系。

（3）I 为上升 K 线，此形态中的 K 线可以是 3 根，也可以是无数根。II 为下降 K 线，此形态中的 K 线可以是 3 根，也可以是无数根。因此，上升 K 线和下降 K 线表示的都只是一个趋势。

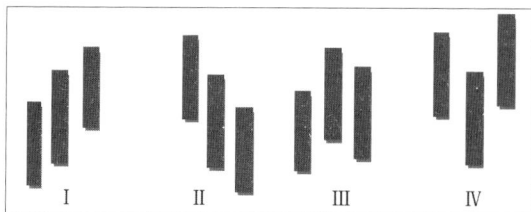

图2-4　4种非包含关系的K线形态

下面以图 2-5 所示的健民集团日 K 线图为例进行分析。

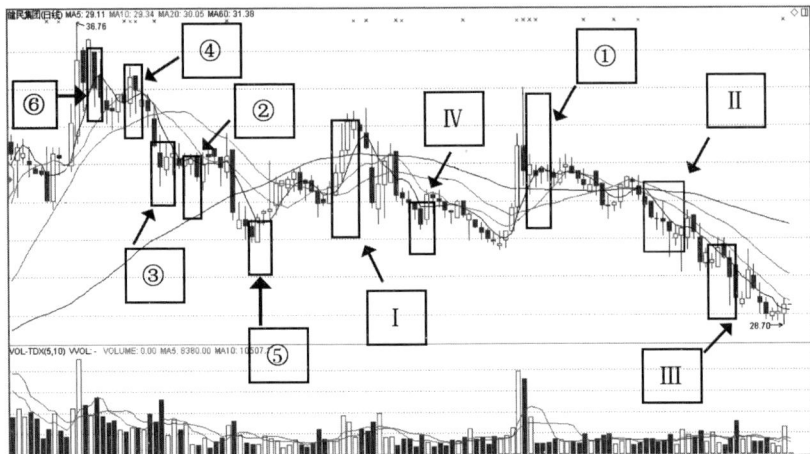

图2-5　健民集团日K线图

操作提示 1：从图 2-5 中可以看出，在①~⑥中，①的 K 线包含关系为左边 K 线包含右边 K 线，预示着个股走势即将向下；②的 K 线预示着个股走势即将向下，股价呈下跌状态；在②处之后，虽然股市有几处上涨，但是并没有影响大趋势，遇到这种情况时持股者应慎重考虑。

操作提示 2：③的 K 线包含关系为左边 K 线包含右边 K 线；④的 K 线包含关系为左边 K 线包含右边 K 线，预示着个股走势即将向下。

操作提示 3：⑤⑥右边 K 线包含左边 K 线，从成交量上来看，⑥处最大，其次是①处。

操作提示 4：Ⅰ为上升 K 线，预示着个股走势向上；Ⅱ为下降 K 线，预示着个股走势向下；Ⅲ为顶分型，Ⅳ为底分型。（关于顶分型和底分型，将在2.2.1 小节中详细介绍。）

2.1.2　K线包含关系的处理

对 K 线包含关系的处理，就是将有包含关系的两根 K 线合并成一根 K 线，即对复杂的 K 线进行简化处理。

之所以这样合并，是因为 K 线图中含有包含关系的 K 线或许会很多，为了便于分析，将含有包含关系的 K 线进行合并。

在实际图形里，相邻两根K线可能出现图2-1所示的包含关系，也就是一根K线的高低点全在另一根K线的范围内，在这种情况下，可以这样处理：当两根K线向上时，把两根K线中的最高点当成高点，而将两根K线的低点中的较高点当成低点，这样就可以把两根K线合并成一根新的K线；反之，当两根K线向下时，把两根K线中的最低点当成低点，而把两根K线的高点中的较低点当成高点，这样就可以把两根K线合并成一根新的K线。这样，所有K线都可以被处理成没有包含关系的图形。

——缠中说禅教你炒股票62课

1. 向上处理

"上升 K 线包含形态"就是把两根 K 线中的最高点作为高点，把两根 K 线的最低点中的较高点作为低点进行合并，如图 2-6 所示。

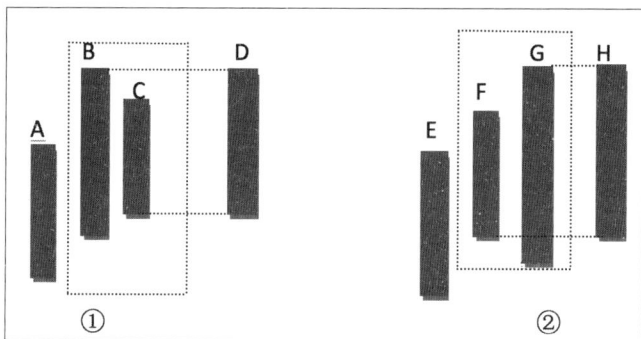

图2-6　上升K线包含形态

形态解析

（1）如图 2-6 中的 ① 所示，K 线 A 和 K 线 B 无包含关系，K 线 B 和 K 线 C 有包含关系，则取存在包含关系的 K 线 B 和 K 线 C 的最高点作为新 K 线 D 的高点，取 K 线 B 和 K 线 C 的低点中的较高点作为低点，形成新 K 线 D。

（2）如图 2-6 中的 ② 所示，K 线 E 和 K 线 F 无包含关系，K 线 F 和 K 线 G 有包含关系，则取存在包含关系的 K 线 F 和 K 线 G 的最高点作为新 K 线 H 的高点，取 K 线 F 和 K 线 G 的低点中的较高点作为低点，形成新 K 线 H。

缠师给出了其规律，具体如下。

假设，第 n 根 K 线满足第 n 根与第 $n+1$ 根的包含关系，而第 n 根与第 $n-1$ 根不是包含关系，如果 $g_n \geq g_{n-1}$，那么称第 $n-1$、n、$n+1$ 根 K 线是向上的。

——缠中说禅教你炒股票65课

下面以图 2-7 所示的长航凤凰日 K 线图为例进行分析。

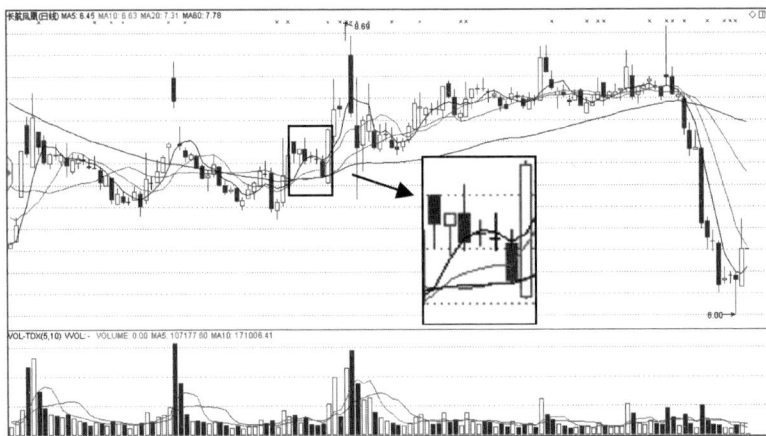

图2-7　长航凤凰日K线图

操作提示 1：如图 2-7 中框选部分所示，从缠论形态特征上看，大阳线突破前期的 6 根小 K 线，表明股价有上升潜力，此时是持股者确认并且把握盈利机会的关键；随后股价开始上涨，在大阳线之后出现了股价的最高点，持股者应把握机会。

操作提示 2：从图 2-7 中可以看出，大阳线出现时，成交量增加，股价出现上涨信号。

2. 向下处理

缠师认为，当向下时，把两根 K 线中的最低点当低点，把两根 K 线的高点中的较低点当成高点，这样就能把两根 K 线合并成一根新的 K 线。

"下降 K 线包含形态"就是把两根 K 线的最低点作为低点，把两根 K 线的高点中的较低点作为高点进行合并。

形态解析

（1）如图 2-8 中的 ① 所示，K 线 A 和 K 线 B 无包含关系，K 线 B 和 K 线 C 有包含关系，则取存在包含关系的 K 线 B 和 K 线 C 的最低点作为新 K 线 D 的低点，取 K 线 B 和 K 线 C 的高点中的较低点作为高点，形成新 K 线 D。

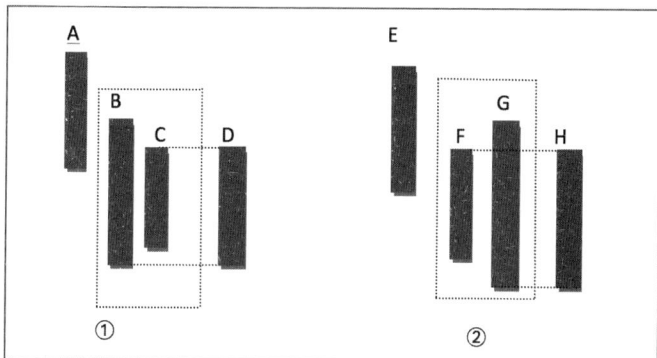

图2-8　下降K线包含形态

（2）如图 2-8 中的 ② 图所示，K 线 E 和 K 线 F 无包含关系，K 线 F 和 K 线 G 有包含关系，则取存在包含关系的 K 线 F 和 K 线 G 的最低点作为新 K 线 H 的低点，取 K 线 F 和 K 线 G 的高点中的较低点作为高点，形成新 K 线 H。

缠师给出了其规律，具体如下。

假设，第 n 根 K 线满足第 n 根与第 $n+1$ 根的包含关系，而第 n 根与第 $n-1$ 根不是包含关系，如果 $d_n \leq d_{n-1}$，那么称第 $n-1$、n、$n+1$ 根 K 线是向下的。

——缠中说禅教你炒股票65课

下面以图 2-9 所示的利欧股份日 K 线图为例进行分析。

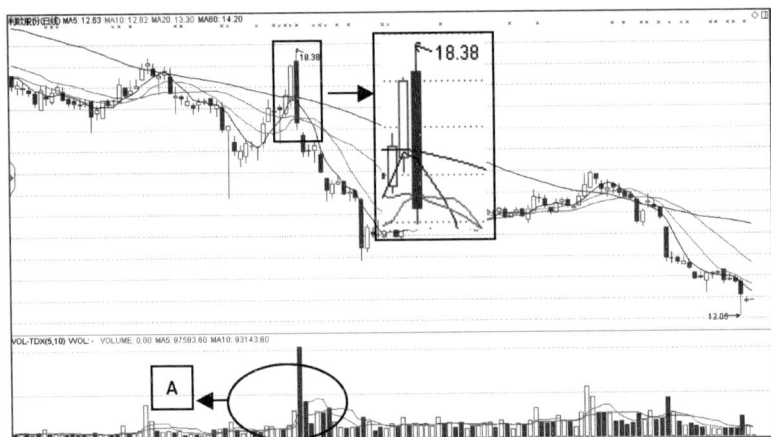

图2-9　利欧股份日K线图

操作提示 1：如图 2-9 所示，从股市初期到中期走势的形态特征上看，股价几经波动，终呈上升趋势；但是在框选部分，大阴线以高开的形态见顶，这预示着股价将要下跌，此时，持股者要谨慎操作。

操作提示 2：从 K 线形态特征看，股价虽在大阴线处达到最高点，但是在图 2-9 中标注的 A 处出现了成交量放大后萎缩的情况，此时不确定股价是否能够继续上涨；而在图 2-9 中的框选处，一根大阴线跌破前一根中阳线，预示着股市将从高位看空。

操作提示 3：从卖点上看，因为在缠论中大阴线跌破阳线是股价将要下跌的重要信号，所以持股者应把握高抛的时机，以减少损失。

2.1.3　K线包含关系处理顺序

处理 K 线包含关系时，为避免混乱，必须遵循一定的顺序。

结合律是缠论中最基础的规律，在处理 K 线的包含关系时，当然也需要遵守这一规律。包含关系不符合传递律，也就是说，第1根、第2根 K 线是包含关系，第2根、第3根K线也是包含关系，并不意味着第1根、第3根K线也有包含关系。因此在K线包含关系的分析中，还要遵循一定的顺序，先用第1根、第2根K线的包含关系确认新的K线，然后用新的K线与第3根K线相比，如果有包含关系，就继续用包含关系的处理法则结合成新的K线；如果没有，就按正常K线处理。

——缠中说禅教你炒股票65课

如图 2-10 所示，处理 K 线的包含关系时，应按照一定的顺序进行合并处理，即产生新的 K 线之后再合并。

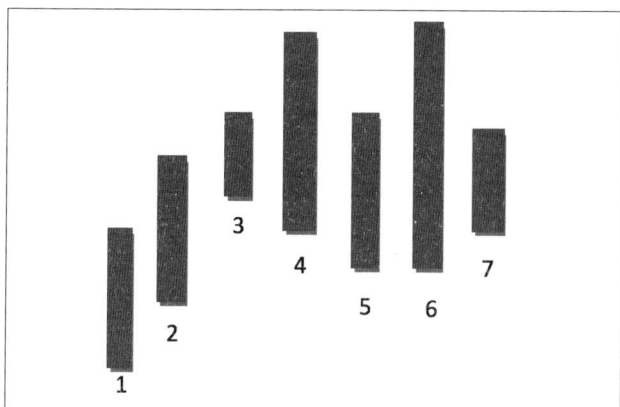

图2-10　K线包含关系处理（1）

首先看图 2-10 中 K 线的包含关系，已知在 K 线 2、K 线 3、K 线 4 中，K 线 3 和 K 线 4 存在包含关系，对其进行向上处理，即把两根 K 线的最高点作为高点，把两根 K 线的低点中的较高点作为低点进行合并，得到新的 K 线 A，如图 2-11 所示。

图2-11 K线包含关系处理（2）

在K线A、K线5、K线6中，K线5和K线6存在包含关系，对其进行向下处理，即把两根K线的最低点作为低点，把两根K线的高点中的较低点作为高点进行合并，得到新的K线B，如图2-12所示。

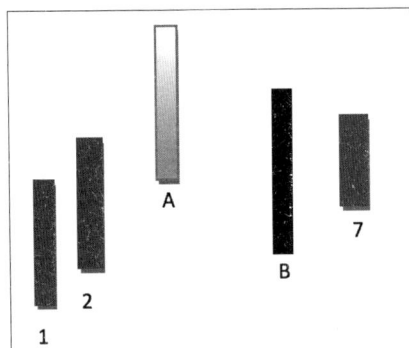

图2-12 K线包含关系处理（3）

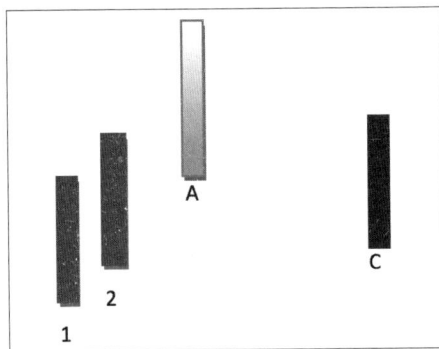

图2-13 K线包含关系处理（4）

在K线A、K线B、K线7中，K线B和K线7存在包含关系，对其进行向下处理，即把两根K线的最低点作为低点，两根K线的高点中的较低点作为高点进行合并，得到新的K线C，如图2-13所示。

观察发现，图2-13中剩有K线1、

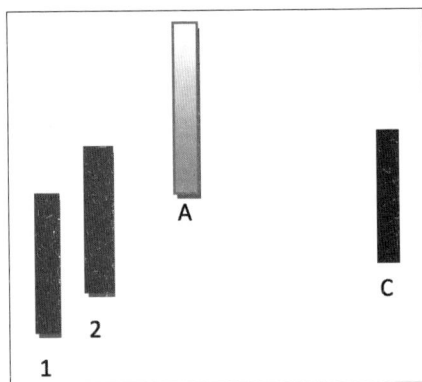

图2-14 K线包含关系处理（5）

K线2、K线A及K线C，它们之间无包含关系。由此，得到新的K线图形，如图2-14所示。

之所以将K线进行合并，是为了在看图时更加方便地识别顶分型与底分型。

缠师所说的"结合律"就是指，对于任意的K线A、B、C，若A+（B+C）=（A+B）+C，则这个"+"的运算就满足结合律。

这个方法主要用于合并多根顺次存在包含关系的K线。

2.2 / 分形与分型

分形与分型虽读音相同，但写法不同，其具体释义也不同。

1. 分形

1973年，本华·曼德博在法兰西学院讲课时，首次提出了分维和分形的设想。

具体来说，分形是指一个粗糙的或零碎的几何形状，可以分成数个部分，这数个部分中的每一部分都与整体缩小后的几何形状具有很多相似之处。

在此基础之上演变而来的分形理论从分数维度的视角出发，用数学方法描述和研究客观事物，也就是用分形、分维的数学工具来描述、研究客观事物。

2. 分型

分型是股票交易行为中的一个特征。

注意，分型不是分形。分形理论是数学的一个分支，有人把这个分支的一些研究成果硬套到市场走势上，得出来的结论是没有太大意义的。缠论的逻辑直接来源于市场走势本身，而不是一个先验的、市场之外的数学理论。

——缠中说禅教你炒股票82课

正如缠师所说，与数学理论中的分形不同，分型是一个来源于股票市场的词，是针对股票市场走势分类的标准提出来的。它是缠论K线系统中最基本的定位工具，有了分型，才有笔、线段等相关概念。

缠论对分型进行了定义：相邻的3根K线，中间那1根K线在顶分型时其高点与低点都是最高的，而在底分型时其高点与低点都是最低的，这样便可构成分型。

缠师将K线分为了4种类型，具体见图2-4。

缠论运用分型对K线进行分析，并将K线分为顶分型、底分型、上升K线、下降K线4种类型。这4种类型中的K线不分阴线与阳线，只分高低。

2.2.1 顶分型和底分型

顶分型和底分型是缠论分析中最重要的两个基础元素，对于分析缠论中的笔和线段有重要作用。

在K线的"非包含关系"中简要提到了"4种非包含关系的K线形态"，现在我们来详细介绍"4种非包含关系的K线形态"中的顶分型和底分型。

1.顶分型

如图2-15所示，第2根K线高点是3根K线的高点中最高的，而低点也是3根K线的低点中最高的，缠师将这种K线组合称作顶分型。

——缠中说禅教你炒股票62课

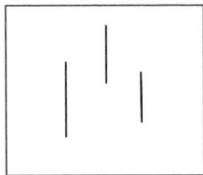

图2-15　顶分型

我们进一步解释顶分型的定义，即 3 根经过包含处理后的连续 K 线，若中间那根 K 线的高点最高，则这种组合就叫作顶分型，如图 2-16 所示。

顶分型的中间 K 线的最高点称为"顶"。

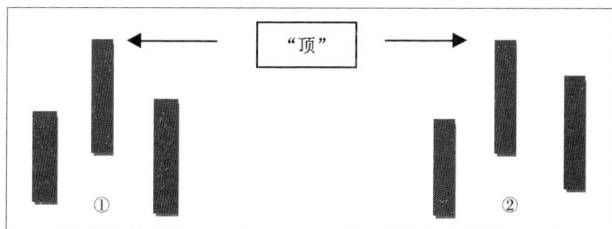

图2-16 顶分型

形态解析

（1）如图 2-16 所示，在 ① 中，中间 K 线的高点是 3 根 K 线的高点中最高的，低点也是 3 根 K 线的低点中最高的，是典型的顶分型。在 ② 中，中间 K 线的高点是 3 根 K 线的高点中最高的，低点是 3 根 K 线的低点中最高的，也是顶分型。

（2）顶分型出现在价格高位是顶分型成为高位转折点的基础。此时股价会出现反转走势，预示着股价将下跌。

（3）顶分型是上涨过程即将出现转折的信号。若一只正在上升的股票还没有出现顶分型，则不应急于将其卖出，因为顶分型大多出现在价格高位。

下面以图 2-17 所示的厦门信达日 K 线图为例进行分析。

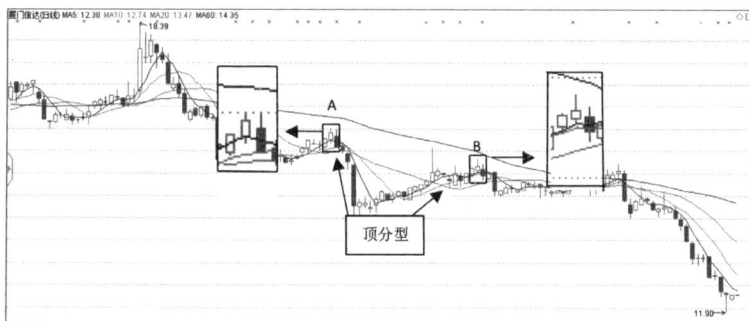

图2-17 厦门信达日K线图

操作提示1：在图2-17中，可以看见A和B两个顶分型；从K线形态上不难发现，在A和B两个顶分型中，都出现了股价上涨的情况，并且在两个顶分型中都出现了阴线，这意味着股价将在见顶处回落，此时持股者应该考虑卖出股票。

操作提示2：图2-17中出现两个顶分型之后，股价呈回落趋势，并且股价没有再次出现大幅度上涨的情况，由此可以看出，顶分型的出现表明空方力量强于多方力量，空方力量逐渐增强；顶分型的出现预示着多方会进行抵抗，当多方不能够抵抗空方时，股价将下跌。

显然，之所以能形成顶分型，是卖的分力最终战胜了买的分力，而其中，买的分力有3次攻击，而卖的分力也有3次攻击。最标准的做过包含处理的3K线模型的含义为：第1根K线的高点，被卖的分力攻击后，出现回落，这个回落出现在第1根K线的上影部分或第2根K线的下影部分；而在第2根K线中会出现一个更高的高点，但这个高点明显会与在第1根K线的高点中出现的买的分力，在小级别上出现力度背驰，从而至少制造出第2根K线的上影部分；最后，第3根K线会再次出现买的分力的攻击，但这个攻击完全被卖的分力击败，从而不能成为一个新高点，在小级别上，大致会出现一种第二类卖点的走势。

——缠中说禅教你炒股票82课

正如缠师所说，持股者应注意顶分型的出现，如果第2次或第3次出现顶分型，就应该特别注意。

由此可见，一个分型结构的出现，如同中枢，都经过了1个3次反复的心理较量的过程，只是中枢用的是3个次级别。

——缠中说禅教你炒股票82课

缠论中涉及的"中枢",将在第4章中详细介绍。

2. 底分型

底分型与顶分型相反。

如图2-18所示,第2根K线的低点是3根K线的低点中最低的,而高点也是3根K线的高点中最低的。

——缠中说禅教你炒股票62课

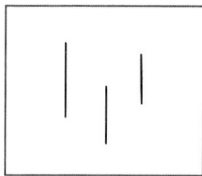

图2-18 底分型

3根经过包含处理后的连续K线,若中间K线的低点最低,则这种组合就叫作底分型,如图2-19所示。

底分型的中间K线的最低点称为"底"。

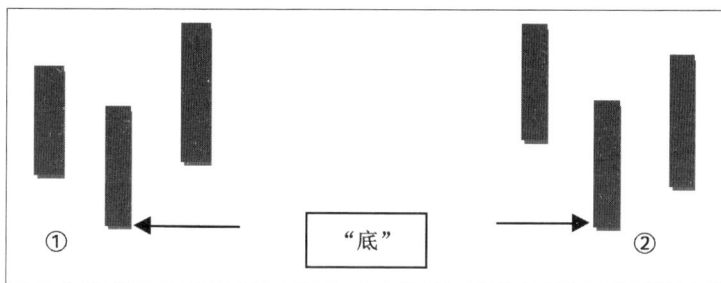

图2-19 底分型

形态解析

(1) 在图2-19中的①中,中间K线的高点是3根K线的高点中最低的,低点是 3 根 K 线的低点中最低的，是典型的底分型。在 ② 中，中间 K 线的高点是 3 根 K 线的高点中最低的，低点是 3 根 K 线的低点中最低的，也是底分型。

（2）若底分型出现在价格低位，则此时的底分型将成为低位转折点的基础，股价会出现反转走势，预示着股价将触底上升。

下面以图 2-20 所示的深圳能源日 K 线图为例进行分析。

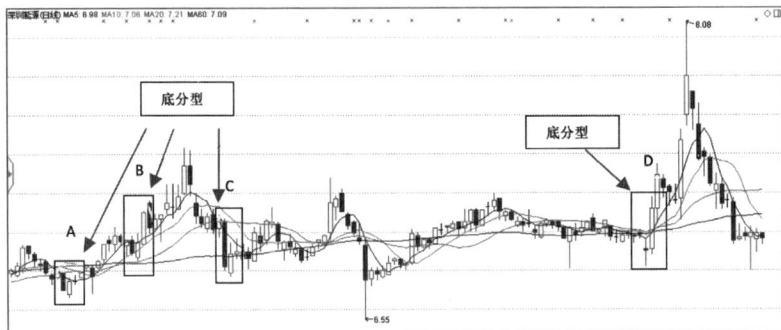

图2-20　深圳能源日K线图

操作提示 1：在图 2-20 中，可以看到 A、B、C、D 4 个底分型；可以看出这 4 个底分型都是两边 K 线的低点高于中间 K 线的低点；底分型的出现意味着股价会上涨，这时持股者应好好观察，把握触底反弹的时机。

操作提示 2：股价在下跌过程中第 1 次出现底分型 A，而且形态不是十分明显，这种情况是中继底分型，不会立刻导致股价大幅度上升，但之后出现了第 2 次、第 3 次底分型，即出现底分型 B 和底分型 C 时，这时就要注意股价趋势向上转折的概率会很高；通过底分型 D 的形态可以看出，股价出现长阳线反弹，会进一步展开反弹上升趋势。

操作提示 3：底分型的出现意味着股价即将见底，是建仓的重要信号；如果股价在下跌时没有出现底分型形态，则可继续关注。

分型形成后，无非有两种结构：一是成为中继型的，最终不延续成笔，二是延续成笔。

——缠中说禅教你炒股票82课

缠师所说的笔，将在 2.3 节中详细介绍。

2.2.2　分型的强弱之分

分型由 3 根 K 线组成，分型形态的不同，会影响股价的走势，想要正确判断股价走势，应先解析分型的强弱。

1.顶分型

第 1 种顶分型如图 2-21 所示。

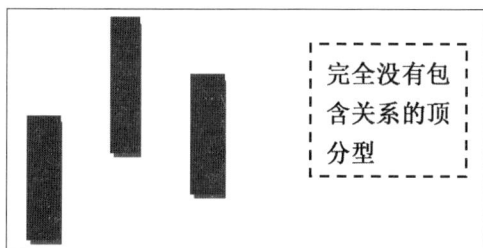

图2-21　第1种顶分型

首先，一个完全没有包含关系的顶分型，意味着市场上多空双方都是果断的，没有太多犹豫。包含关系（只要长阴线不直接把阳线吃掉）意味着犹豫、不确定等态度，一般在小级别上会有中枢延伸、扩展等形态。

——缠中说禅教你炒股票82课

第 2 种顶分型，如图 2-22 所示。

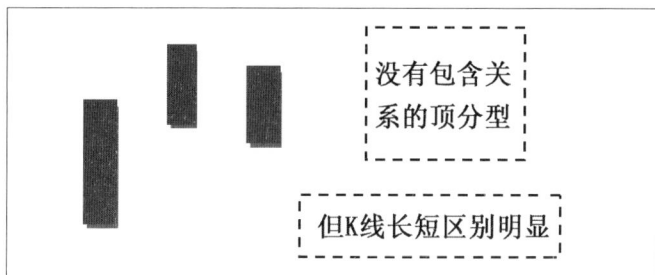

图2-22　第2种顶分型

其次，还是以没有包含关系的顶分型为例。如果第1根K线是长阳线，而第2根、第3根K线都是小阴线、小阳线，那么这个分型结构的意义就不大了。在小级别上，一定会显现出小级别中枢上移后，新的小级别中枢形成。一般来说，这种顶分型成为真正顶的可能性很小，绝大多数都是中继型的。

——缠中说禅教你炒股票82课

第3种顶分型，如图2-23所示。

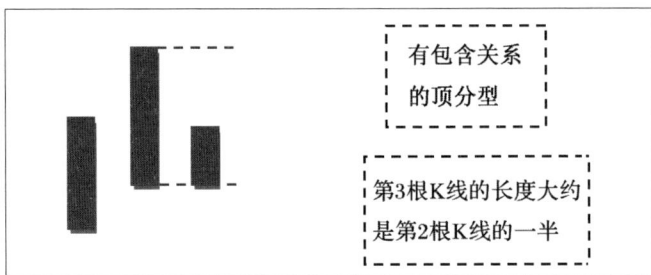

有包含关系
的顶分型

第3根K线的长度大约
是第2根K线的一半

图2-23 第3种顶分型

如果第2根K线是长上影甚至是直接的长阴，而第3根K线不能以阳线收在第2根K线长度的一半以上，那么该顶分型的力度就比较大，最终延续成笔的可能性极大。

——缠中说禅教你炒股票82课

值得注意的是，如果第2根K线与第3根K线是包含关系，而第3根K线为长阴，那这就是最坏的一种包含关系。

第4种顶分型，如图2-24所示。

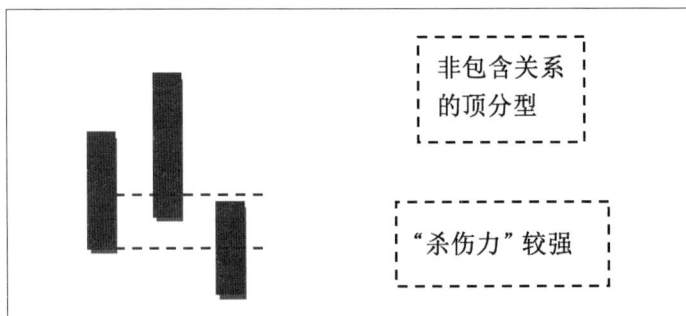

非包含关系
的顶分型

"杀伤力"较强

图2-24 第4种顶分型

一般来说，在非包含关系的顶分型中，第3根K线如果跌破第1根K线的低点，而且不能高收到第1根K线长度的一半以上，这种顶分型有着较强的"杀伤力"。

——缠中说禅教你炒股票82课

遇见这种顶分型形态时，要提高警惕。

综上所述，如果顶分型在形态上不明显，则股价不但不会见顶回落，还会持续上涨。当出现中继顶分型时，形成真正的顶的可能性很小。而当顶分型的力度较大时，则极有可能延续成为笔。因此，持股时要学会观察顶分型的形态。

2. 底分型

底分型的情况与顶分型的情况相反。

（1）第1种底分型，如图2-25所示。

第3根K线的高点远高于第1根K线的高点，并且高于底分型的上边沿。这种情况为最强的走势，上攻至这点后，向上形成笔的可能性很大。

（2）第2种底分型，如图2-26所示。

第1根K线的高点与第3根K线的高点处在同一水平线上，也就是第3根K线的高点正好是第1根K线的高点，这种情况为一般的走势。

这种形态的底分型成为真正的底的可能性较小，大多会形成中继底分型。

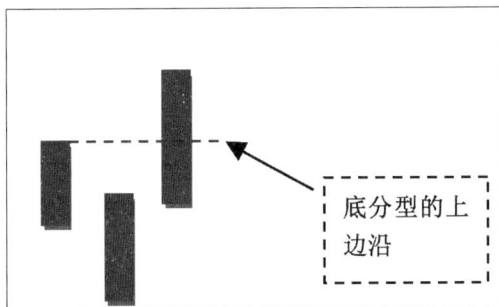

图2-25 第1种底分型

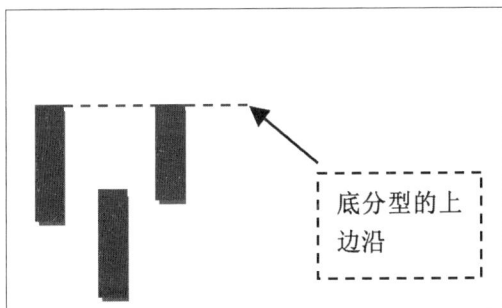

图2-26 第2种底分型

（3）第3种底分型，如图2-27所示。

第3根K线的高点在底分型的上边沿的下面，这种底分型的走势较弱，上攻走势延续成笔的可能性特别小，大多会形成中继底分型。

（4）第4种底分型，如图2-28所示。

图2-27　第3种底分型

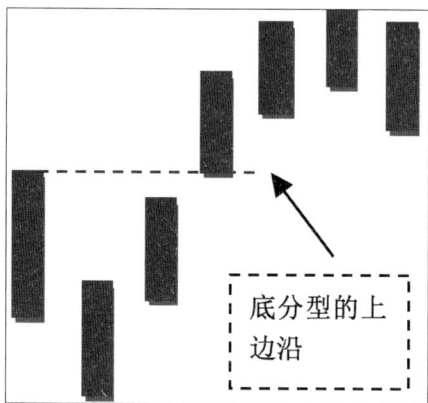

图2-28　第4种底分型

出现这种底分型时，不能表明上攻走势能延续成笔，要注意判断股价能否在底分型的上边沿站稳。

综上所述，底分型多出现在空头交易的行情中，是股价下跌见底的信号。一旦个股在下跌过程中出现底分型形态，则股价很可能触底反弹。

当股价持续下跌时，若没有出现底分型形态，则应继续观察，不要过早进入；若出现底分型形态，则需要根据上述的不同底分型形态来判断走势强弱，然后再采取相应的措施。

个股在下跌中第1次出现底分型形态时，应观察其是否明显，若不明显，则为中继底分型；若明显，则股价多会触底反弹。

接下来讲解顶分型和底分型的不同强弱类型，以图2-29所示的广济药业日K线图为例。

操作提示1：在图2-29中，以A处和B处的顶分型形态为例，A处的顶分型的中间K线为股价的最高点，而B处的顶分型为第3种类型的顶分型形态，即第1根K线为大阳线，第2根K线为长阴线，而第3根K线不能以阳线收在第2根K线长度的一半以上；A处的顶分型的力度较大，延续成笔的可能性很大。

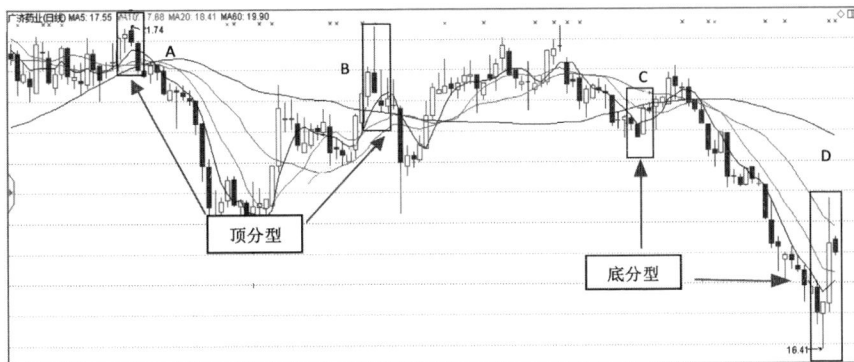

图2-29　广济药业日K线图

操作提示2：A处的顶分型较明显，股价到达高点。

操作提示3：在图2-29所示的股票行情中，以C处和D处的底分型形态为例，C处的底分型为第1种类型的底分型形态，即第3根K线的高点远高于第1根K线的高点，高于底分型的上边沿，这种形态走势延续成笔的可能性非常大，是底分型形态中走势最强的。

操作提示4：D处的股价会出现波动，因为如果底分型走势较强，股价见底反弹的可能性很大，但是此时的底分型处在下跌趋势中，持股者应好好考虑。

2.3 / 笔的释义和构成

在缠论中，笔是由分型发展而来的，也是顶分型和底分型之外的一种缠论形态。

两个相邻分型的顶和底之间构成一笔。所谓笔，就是顶和底之间的连线，其他波动都可以忽略不计，但要注意，一定是相邻的顶和底，隔了几个就不是了。而所谓的线段，至少由3笔组成。但这里有一个细微的地方要分清楚，结合律是必须遵守的，如果顶和底之间必须共用一根K线，那么这就违反结合律了，这就不算一笔。4就只有顶和底，中间没有其他K线，一般来说，也最好不算一笔。5是一笔最基本的图形，顶和底之间还有一根K线。在实际分析中，顶和底之间至少有一根K线为形成一笔的最基本要求。

——缠中说禅教你炒股票62课

由缠论可知，两个相邻的顶分型和底分型的顶底之间的连线叫作笔，即笔在顶分型、K线、底分型之间起到连接作用。这里的顶分型和底分型之间的K线可以是一根K线（为笔最简单的形态），也可以是多根K线，顶、底之间的K线越复杂，笔的形态就越复杂。

笔的两种构成形态如图2-30和图2-31所示。

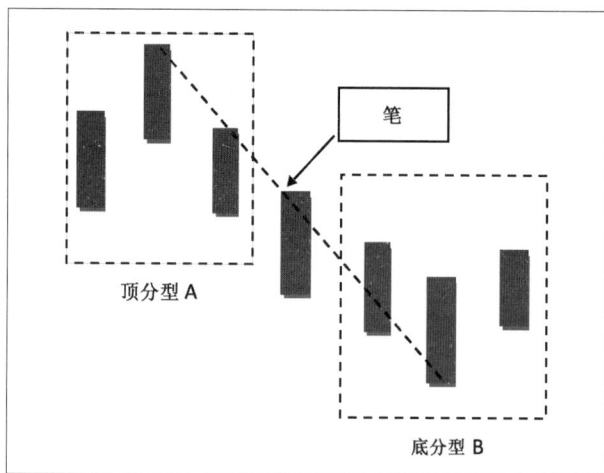

图2-30　笔的构成形态（1）

在图 2-30 中，顶分型 A 和底分型 B 为两个相邻的分型，连接顶分型 A 中间 K 线的顶与底分型 B 中间 K 线的底的虚线即为缠论中的笔。

在图 2-31 中，底分型 C 和顶分型 D 为两个相邻的分型，连接底分型 C 中间 K 线的底与顶分型 D 中间 K 线的顶的虚线即为缠论中的笔。

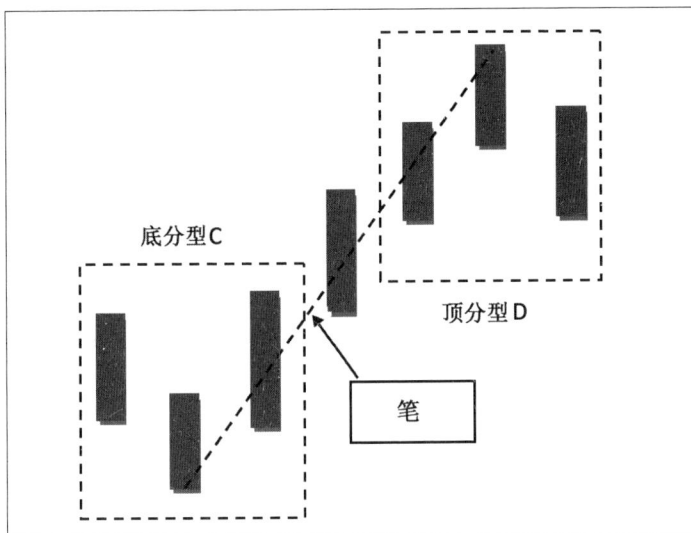

图2-31　笔的构成形态（2）

图 2-30、图 2-31 中的形态是笔最简单的形态，这里我们将多个分型放在一起，构建更复杂的笔的形态，见图 2-32。

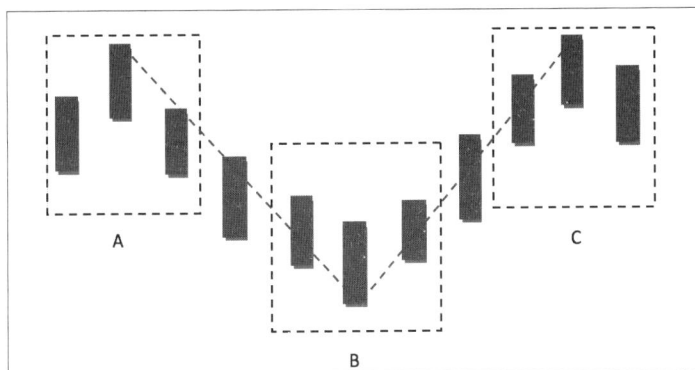

图2-32　笔的复杂形态

在图 2-32 中，连接顶分型 A 中间 K 线的顶和底分型 B 中间 K 线的底的虚线叫作笔，连接底分型 B 中间 K 线的底和顶分型 C 中间 K 线的顶的虚线叫作笔。

笔，必须是一顶一底，而且顶和底之间至少有一根 K 线不属于顶分型与底分型。当然，还有最重要的一点，在同一笔中，顶分型中最高的那根 K 线的区间至少要有一部分高于底分型中最低的那根 K 线的区间，如果不能满足这一条件，也就意味着顶都在底的范围内或顶比底还低，那这显然是不可接受的。

——缠中说禅教你炒股票77课

根据缠师所说，要形成"笔"必须满足下面两个条件。

（1）笔，必须是一顶一底，顶、底之间必须至少有一根 K 线不属于顶分型与底分型。

在图 2-33 中，因为顶分型 A 和底分型 B 之间缺少连接的独立 K 线，所以顶分型 A 和底分型 B 不能成为笔。

（2）在同一笔中，顶分型中最高的 K 线的区间至少要有一部分高于底分型中最低的 K 线的区间，否则不能形成笔。

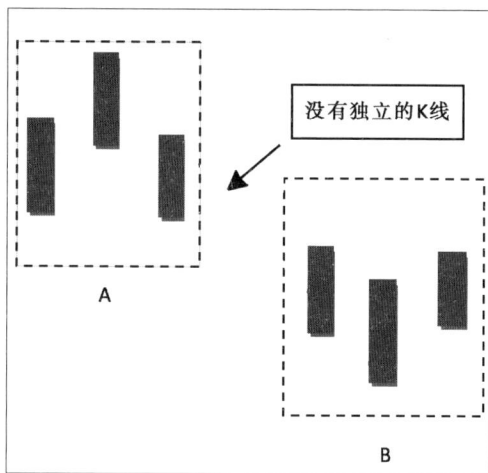

图2-33　不能构成笔的形态（1）

在图 2-34 中，顶分型 A 中最高的 K 线不存在高于底分型 B 中最低的 K 线的部分，这就是缠师所说的顶都在底的范围内或顶比底还低的情况，这显然不能成为笔。

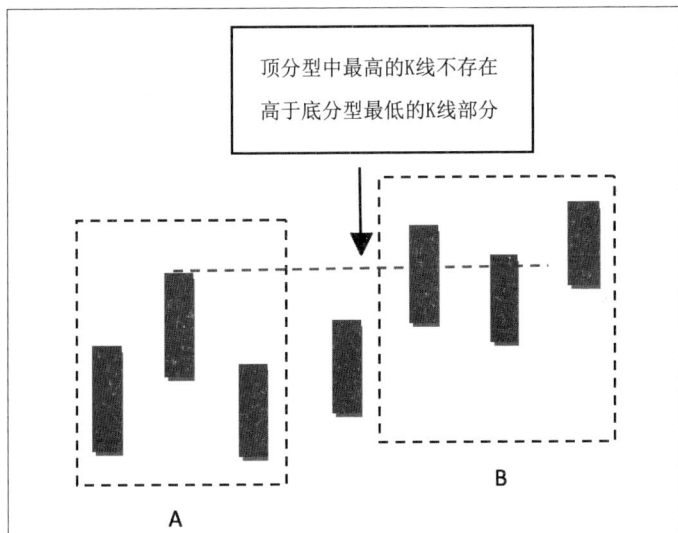

图2-34 不能构成笔的形态（2）

从方向上来区分，笔可以分为上升笔和下降笔。

上升的一笔，根据结合律，就是"底分型+上升K线+顶分型"；下降的一笔，就是"顶分型+下降K线+底分型"。注意，这里的上升K线、下降K线，不一定都是1根，也可以是无数根，只要符合这个定义就可以。

——缠中说禅教你炒股票62课

从底分型开始以顶分型结束的笔，称为上升笔，也就是方向向上的笔。

如图 2-35 所示，上升笔是连接底分型 A 中间 K 线的低点和顶分型 B 中间 K 线的顶点的那根虚线。

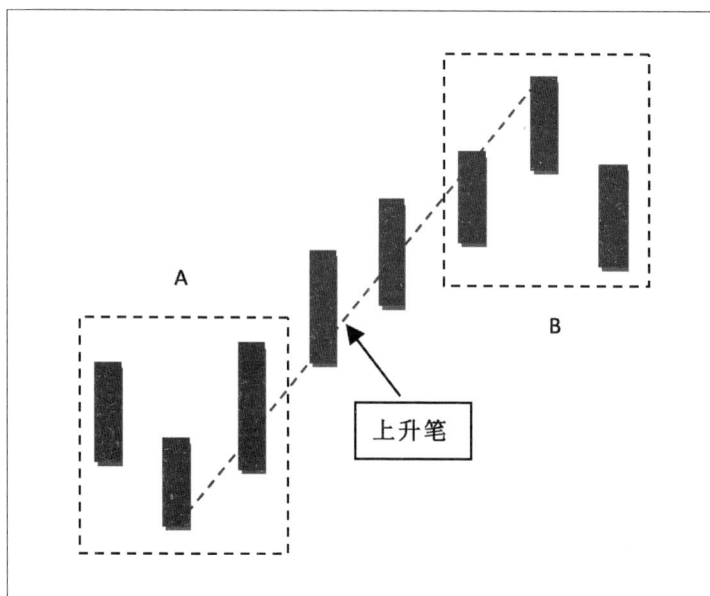

图2-35　上升笔

形态解析

（1）K线形态发出股价上涨的信号，底分型出现以后，股价进入反弹阶段，反弹期间的获利空间较大，价格上涨的空间也较大。

（2）底分型的出现确认了股价会触底上升，预示着股价将结束下跌，迎来上涨趋势，反弹期间有较大的获利空间。

（3）底分型的出现是股价上涨的信号，股市呈现上升趋势，同时，在顶分型的位置上确认了股价将在高位见顶。此时，若是在高位形成顶分型，那么会出现股价的短期高位，卖点将出现在高位顶分型形成的过程中。

如图2-36所示，下降笔是连接顶分型C中间K线高点和底分型D中间K线低点的虚线。

从顶分型开始以底分型结束的笔，称为下降笔，也就是方向向下的笔。

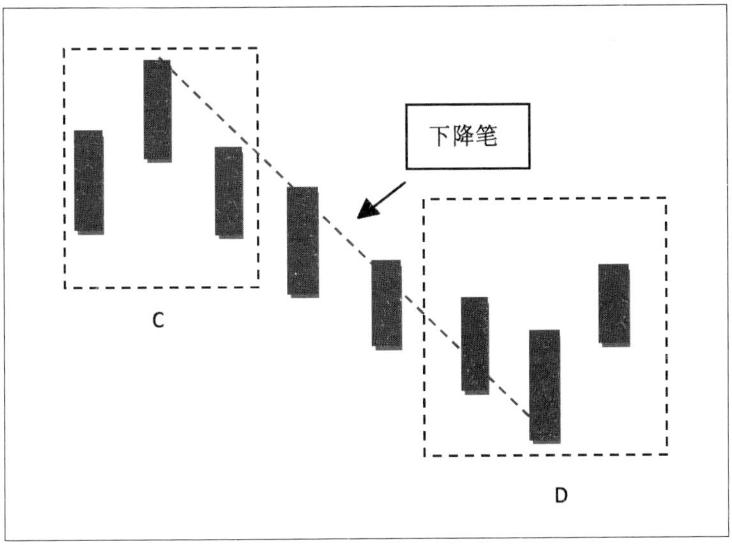

图2-36　下降笔

形态解析

（1）K线形态预示着价格将下跌，顶分型出现以后，下跌的阴线确认了股价的下跌趋势。股价下跌的空间可能很大，及时卖出持币后的损失会较小。

（2）顶分型的出现确认了股价将见顶，预示着股价将进入下跌趋势，股价下跌期间可持币规避风险。

（3）下降笔中的底分型可以确认股价见底，当股价迎来反弹的趋势时，可以确认股价结束下跌趋势。此时，若底分型出现，将会形成短期低点，买点将出现在低位底分型形成的过程中。

下面以图2-37所示的皖通科技日K线图为例进行分析。

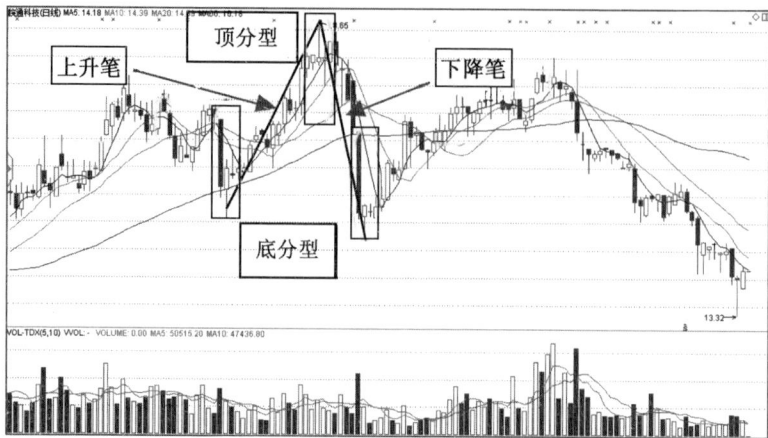

图2-37　皖通科技日K线图

操作提示1：如图2-37所示，在形成上升笔的过程中，从日K线的形态特征来看，从左边第一个底分型中可发现，股价呈现上涨状态，此时，持股者应该把握好建仓机会，以低价买进。

操作提示2：上升笔形成时，即出现"底分型＋上升K线＋顶分型"形态时很有可能形成股市局部走势增强的状态，我们需要关注买点的形态。

操作提示3：在形成下降笔的过程中，从日K线的形态特征来看，股价在高位见顶之后，出现了大幅下跌，直到右边第二个底分型形成。

操作提示4：在下降笔形成时，持股者应把握在顶分型时的卖点和底分型时的买点。

2.4 / 笔的划分

在2.3节中我们讲过形成"笔"必须满足的两个条件，我们将在这一节中进一步讲解"笔的划分"。

划分笔的步骤如下。

从上面的笔划分的唯一性证明中，我们能看出如何划分笔。

（1）确定所有符合标准的分型。

（2）如果前后两个分型是同一性质的，对于顶来说，前面的低于后面的，只保留后面的，前面的可以去掉；对于底来说，前面的高于后面的，只保留后面的，前面的可以去掉。若不属于前面两种情况，比如相等的，则可以先保留。

（3）经过步骤（2）的处理后，余下的分型如果相邻的是顶和底，就可以划为一笔。

———缠中说禅教你炒股票77课

下面解析缠师所讲内容中的"笔"的划分步骤。

（1）确定K线图中的标准分型，处理K线的包含关系，寻找图中的顶分型和底分型，具体操作如图2-38所示。

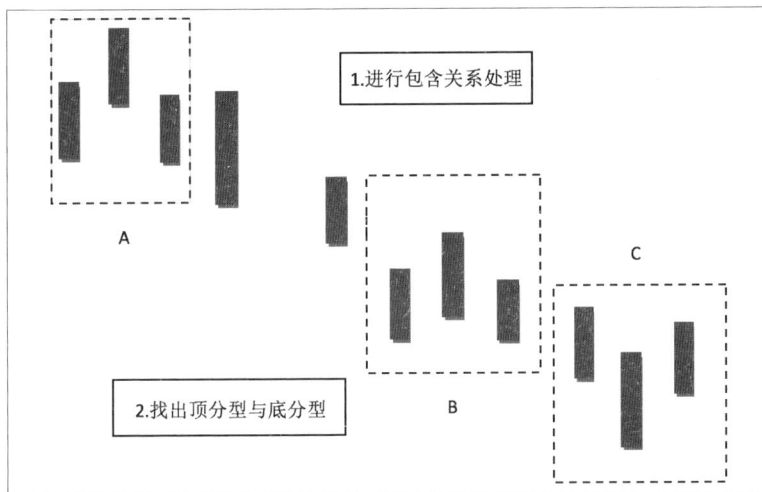

图2-38 笔的划分步骤（1）

（2）在经过步骤（1）处理后得出的图中，含有两个或多个同性质的形态，如果是顶分型，根据缠论，后面的顶高于前面的顶，只保留后面的顶；若是底分型，后面的底低于前面的底，只保留后面的底。具体操作如图2-39所示。

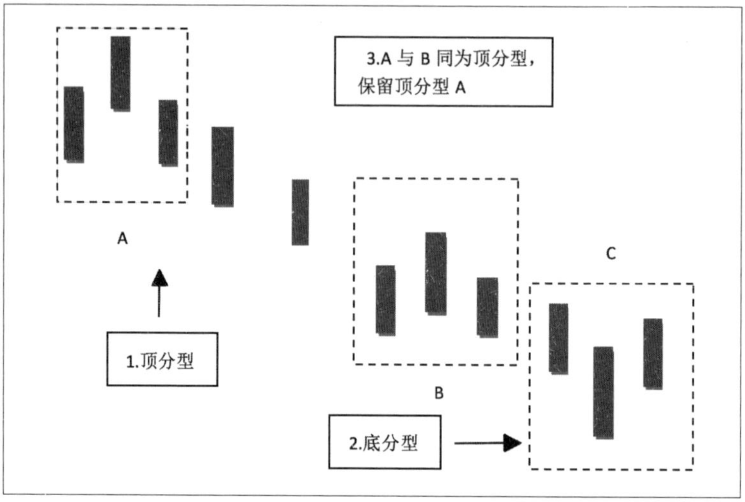

图2-39　笔的划分步骤（2）

（3）找出经过步骤（2）处理后的分型，如果是相邻的顶和底或底和顶，则连接顶和底或底和顶，就可构成笔。具体操作如图 2-40 所示。

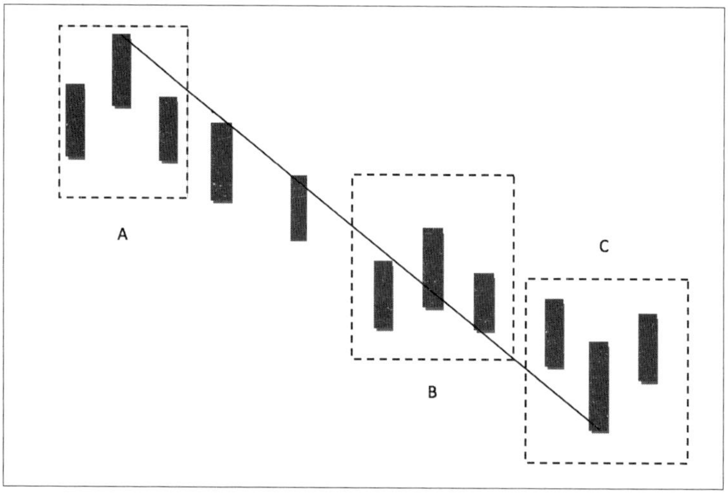

图2-40　笔的划分步骤（3）

在图 2-40 中，连接顶分型 A 中间 K 线的高点和底分型 C 中间 K 线的低点的线段即为笔。

2.4.1 笔的延伸和结束

1. 笔的延伸

两个不同性质的分型之间如果含有独立 K 线，就能产生笔。产生笔以后，这个笔可根据 K 线走势继续延伸，在产生新的笔之后原笔也可以随时结束。

如图 2-41 所示，当 B 出现时，产生向下笔 AB，由 C 创出新的底，因为从 B 开始没有产生新的笔，所以笔 AC 为笔 AB 的延伸。

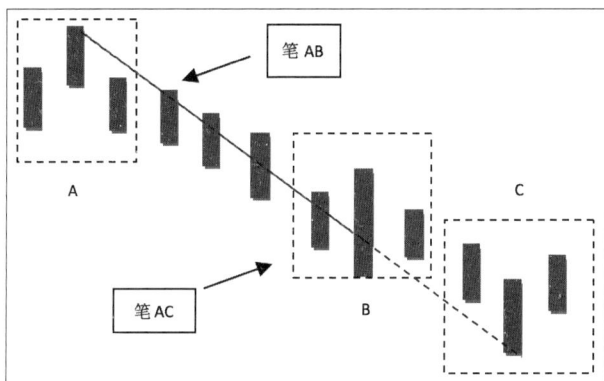

图2-41　笔的延伸（1）

如图 2-42 所示，当 B 出现时，产生向上笔 AB，由 C 创出新的高度，因为从 B 开始没有产生新的笔，所以笔 AC 为笔 AB 的延伸。

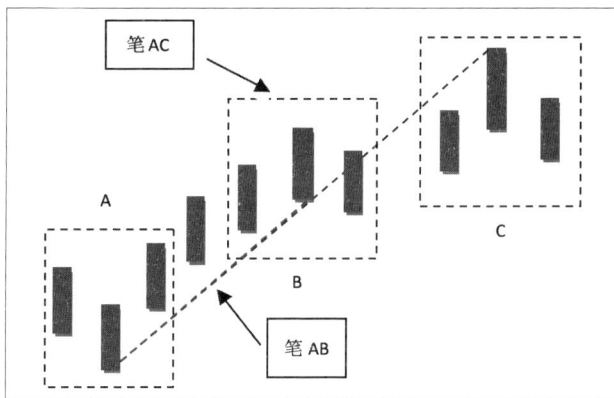

图2-42　笔的延伸（2）

下面以图2-43所示的九鼎新材日K线图为例进行分析。

图2-43　九鼎新材日K线图

操作提示1：如图2-43所示，从K线形态上来看，顶分型和第1个底分型构成了向下延伸的笔，但是该笔走势没有结束，而是继续向下形成第2个新的底分型，构成向下的一笔；第2个笔的出现使得股价再次下跌，持股者应提高警惕。

操作提示2：从成交量上来看，第1笔出现时成交量萎缩，第2笔出现时成交量继续萎缩，说明股市看淡。

2. 笔的结束

若笔产生之后，在相反方向产生新的笔，则原笔就此结束。

❯❯ 形态解析

（1）以图2-44为例，底分型A、过渡K线及顶分型B构成向上的笔AB，但是笔AB的走势还未结束，价格继续上涨，直到出现新的顶分型C，在笔AB的基础上延伸出笔AC。

（2）通过笔的延伸，股票价格在C点处达到最高，紧接着出现了下跌走势，出现了底分型D。

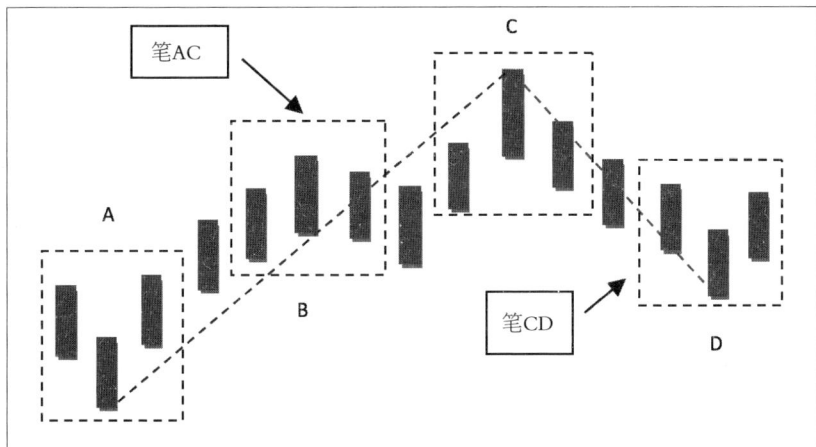

图2-44　笔的结束

（3）底分型 D 的出现，使顶分型 C、过渡 K 线及底分型 D 构成了另一笔，即笔 CD，此时笔 AC 结束。

下面以图 2-45 所示的摩恩电气日 K 线图为例进行分析。

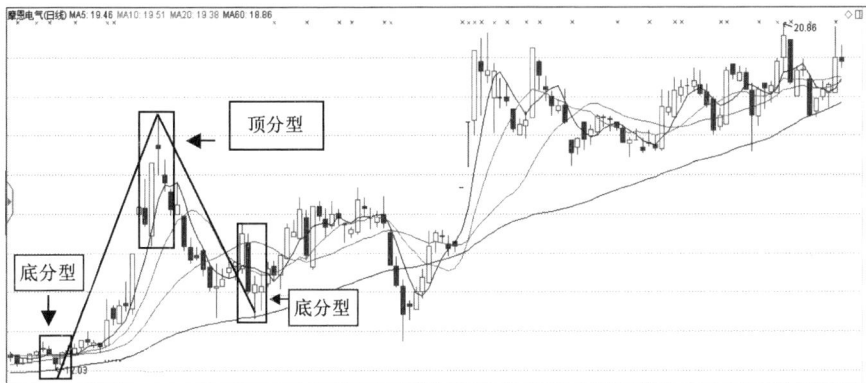

图2-45　摩恩电气日K线图

操作提示 1：从 K 线走势上来看，向上笔的出现使股价呈现上涨趋势，股价在向上笔的顶分型中到达了近期的最高点，持股者应把握好时机。

操作提示 2：回看股市之前的走势，股价也有过不同力度的上涨和下跌的趋势，在图 2-45 中向上笔的顶分型中出现了高位。

操作提示3：向下的一笔将股价拉低，从走势图来看，下降的趋势较明显，此时，持股者应慎重考虑。

2.4.2　旧笔与新笔

缠师对于新笔的定义没有直接出现在《教你炒股票108课》中，而是出现在其博文《忽闻台风可休市，聊赋七律说〈风灾〉》之中。

缠师想了想，计算了一下能量力度，觉得以后可以把笔的成立条件略微放松一下，就是一笔必须满足以下两个条件：一是顶分型与底分型经过包含关系处理后，不允许共用K线，也就是不能有一根K线同时属于顶分型与底分型，这一条件和原来是一样的，这一个条件绝对不能缺少，因为这样才能保证足够的能量力度；二是在满足上述条件的情况下，顶分型中的最高K线和底分型中的最低K线之间（不包括这两根K线），不考虑包含关系，至少应有3根（包括3根）以上的K线。

——《忽闻台风可休市，聊赋七律说〈风灾〉》

虽然缠论对笔进行了严格的定义，但有些实际操作需要利用笔来分析，而其走势却不满足形成笔的条件。因此，缠论对笔的定义进行了修改，引出了新笔这一概念，可以与旧笔对照学习。

1. 旧笔

在完全进行K线包含关系处理后，若要形成笔，则要求顶和底之间至少要有一根独立的K线。

≫ 形态解析

（1）如图2-46所示，A与B加中间独立的K线形成最基本的一笔；而C与D则没有形成笔，因为二者中间没有独立的K线。

（2）按照笔的定义：上升的一笔=底分型+上升K线+顶分型；下降的一笔=顶分型+下降K线+底分型。

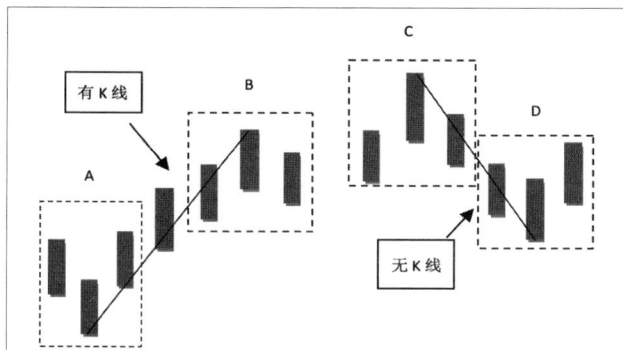

图2-46　旧笔

2. 新笔

按照缠师所说，形成新笔的条件有以下两点。

（1）顶分型与底分型经过包含关系处理后，没有共用 K 线，即不能有任何一根 K 线既属于顶分型又属于底分型，这一条件和原来的旧笔是一样的。这一点不能改变。

（2）在满足第 1 个条件之后，顶分型中的最高 K 线和底分型中的最低 K 线之间（不包括这两根 K 线），不考虑包含关系，至少应有 3 根（包括 3 根）以上的 K 线。

对比新笔、旧笔形成的条件可以发现，新笔的形成条件无疑比旧笔宽松得多。

利用图 2-47 进行分析。

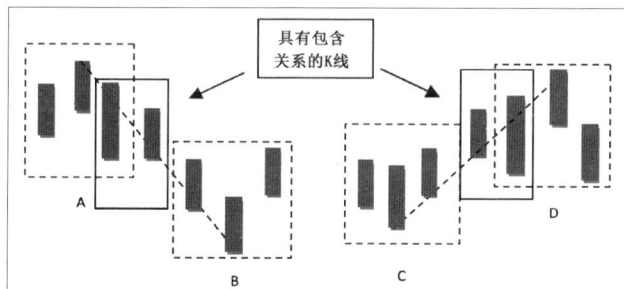

图2-47　新笔

> ▼ **形态解析**

（1）如图 2-47 所示，顶分型 A 和底分型 B 之间存在有包含关系的 K 线，底分型 C 和顶分型 D 之间也存在有包含关系的 K 线。如果按照旧笔的定义，则顶分型 A 和底分型 B、底分型 C 和顶分型 D 都不能构成笔，因为中间没有过渡 K 线。

（2）但是按照新笔的定义，顶分型 A 和底分型 B、底分型 C 和顶分型 D 就都能构成笔。之所以能构成笔，是因为不考虑包含关系的话，顶分型 A 中间的最高 K 线和底分型 B 中间的最低 K 线之间存在 3 根 K 线，这满足形成新笔的条件。同样，底分型 C 和顶分型 D 也可以构成笔。

2.4.3　笔的强弱之分

笔的方向与力度，共同反映了股票市场上多空双方力量的强弱对比和多空双方力量的差别。

首先，股票市场上多空双方的力量强弱对比体现在笔的方向上。如果在股市中的某一阶段出现上升笔，则表明这一阶段的多方力量强于空方力量。如果在股市中的某一阶段出现下降笔，则表明这一阶段的空方力量强于多方力量。

其次，股票市场上多空双方力量的差别体现在笔的强弱上。如果在股市中的某一阶段出现较强的上升笔，则表明这一阶段的多方力量远强于空方力量。如果在股市中的某一阶段出现较强的下降笔，则表明这一阶段的空方力量远强于多方力量。

为了便于分析，我们将和趋势方向一致的笔称为推动笔，将和趋势方向不一致的笔称为调整笔。

下面以图 2-48 所示的龙头股份周 K 线图为例进行分析。

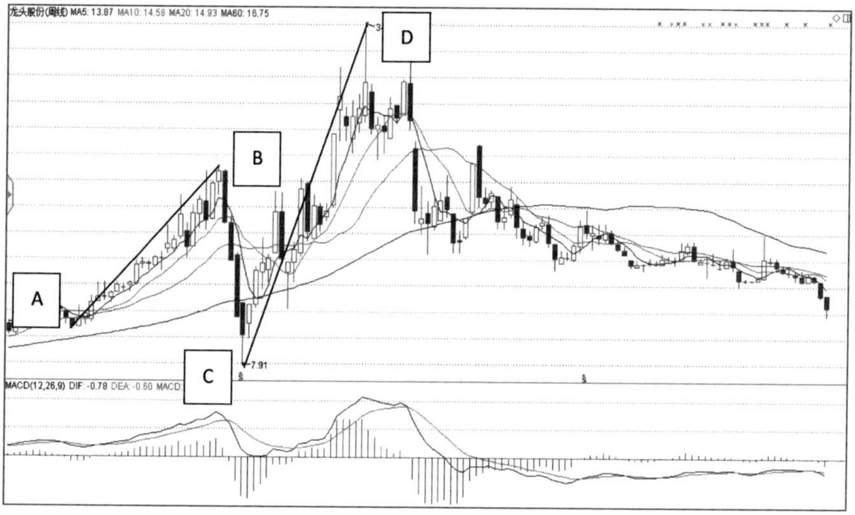

图2-48　龙头股份周K线图

操作提示1：从推动笔的幅度来看，幅度大的推动笔力度强，幅度小的推动笔力度弱；股票市场中有种"强者恒强"的现象，即走势强的股票往往易涨难跌，并且涨幅大；从图2-48中的笔AB、笔CD来看，此股走势较强，笔具有较强的推动力。

操作提示2：从推动笔的斜率来看，斜率越大的笔，推动力度越强，斜率越小的笔，推动力度越弱；图2-48中笔AB的斜率比笔CD的斜率小，所以笔AB的推动力比笔CD的推动力小，即笔CD可以达到股价走势的最高点。

操作提示3：从推动笔的复杂程度来看，走势形态越简单的推动笔的力度越强，走势形态越复杂的推动笔的力度越弱；笔CD从底分型开始拉出光头阳线，这样的形式说明推动笔具有较强力度。

2.5 / 笔的当下模式

前面介绍了缠论中关于笔的定义、划分、延伸和结束的知识，这有助于将K线图中的走势分解成笔。"当下"的一笔对于分析股票之后的走势尤为重要。

缠师认为，当下，在任何时间周期的K线图中，走势必然落在一个确定的具有明确方向的笔（向上笔或向下笔）当中；而在笔中的位置，必然只有两种情况，一是在分型构造中，二是在分型构造确认后，延伸为笔的过程中。

——缠中说禅教你炒股票91课

根据上面的笔的定理，缠师对当下的走势进行了总结。

根据这个定理，对于当下的走势，在任何一个时间周期里，都可以用两个变量构成的数组精确地定义当下的走势。第1个变量只有2个取值，不妨用1代表向上的笔，用−1代表向下的笔；第2个变量也只有2个取值，用0代表在分型构造中，用1代表在分型确认后延伸为笔的过程中。

例如，用（1，1）代表一个向上的笔处于延伸之中，用（−1，1）代表一个向下的笔处于延伸之中，（1，0）代表向上的笔出现了顶分型的构造，（−1，0）代表向下的笔出现了底分型的构造。

综上所述，在任何当下，都只有这4种状态。这4种状态描述了K线图中所有的当下的走势。更关键的是，这4种状态是不能随意连接的。例如，（1，1）之后绝对不会连接（−1，1）或（−1，0），只能连接（1，0）；同样，（−1，1）只能连接（−1，0）。而（1，0）有两种可能的连接：（1，1）、（−1，1）。（−1，0）有两种可能的连接：（−1，1）、（1，1）。

——缠中说禅教你炒股票91课

根据笔的定理进行分类，有图2-49所示的笔的4种当下模式。

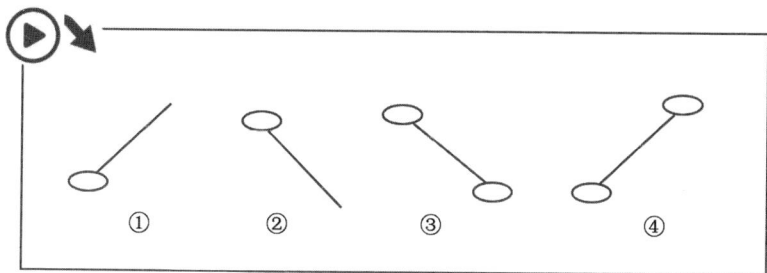

图2-49 笔的4种当下模式

形态解析

（1）在图 2-49 中，椭圆代表顶分型或底分型，处在下方的椭圆代表底分型，处在上方的椭圆代表顶分型，线段则为 K 线走势。

（2）在图 2-49 中，图①为当下模式中的（1,1），即向上的笔处于延伸之中；图②为当下模式中的（-1，1），即向下的笔处于延伸之中；图③为当下模式中的（-1，0），即向下的笔出现了底分型的构造；图④为当下模式中的（1，0），即向上的笔出现了顶分型的构造。

下面以图 2-50 所示的长江润发日 K 线图为例进行分析。

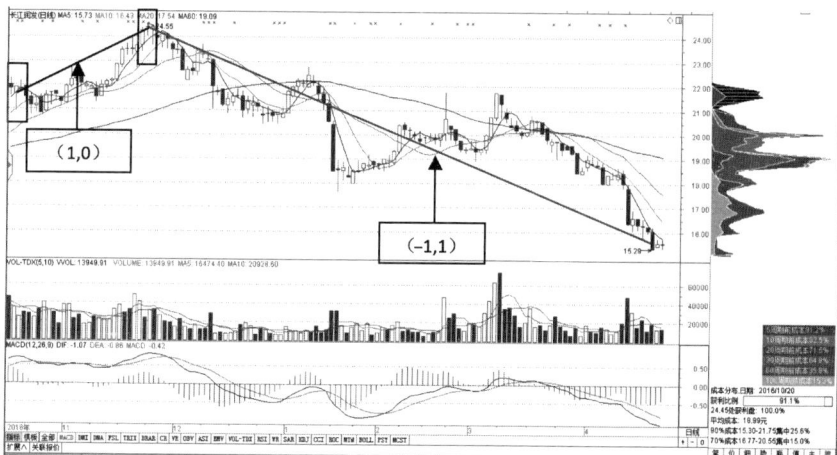

图2-50 长江润发日K线图

操作提示 1：从图 2-50 中（1，0）的 K 线形态开始看，底分型是最开始的底部形态，是价格触底反弹的信号，当顶分型出现时，股价上涨到最高点，上升笔完成；在这个时期，持股者应在底分型时建仓，在顶分型即将形成、股价要见顶回落时减仓。

操作提示 2：紧接着在图 2-50 中出现了（-1，1），股价出现了下降趋势，虽然在下降趋势中也出现了两次较为明显的股价上涨以及一些中继型的底分型和顶分型，但是股价最终还是呈现下跌状态；在这个时期，当股价呈现持续下跌，并且最终底分型没有出现时，持股者应减仓以避免损失。

缠论中说当下的 4 种状态可以描述 K 线图中所有的当下走势，从中总结出 4 种状态下的操作原则，具体如下。

（1）当下走势出现（1，1），应该持股。

（2）当下走势出现（1，0），应该考虑卖出。

（3）当下走势出现（-1，1），应该持币。

（4）当下走势出现（-1，0），应该考虑买入。

第3章
缠论基本功之线段

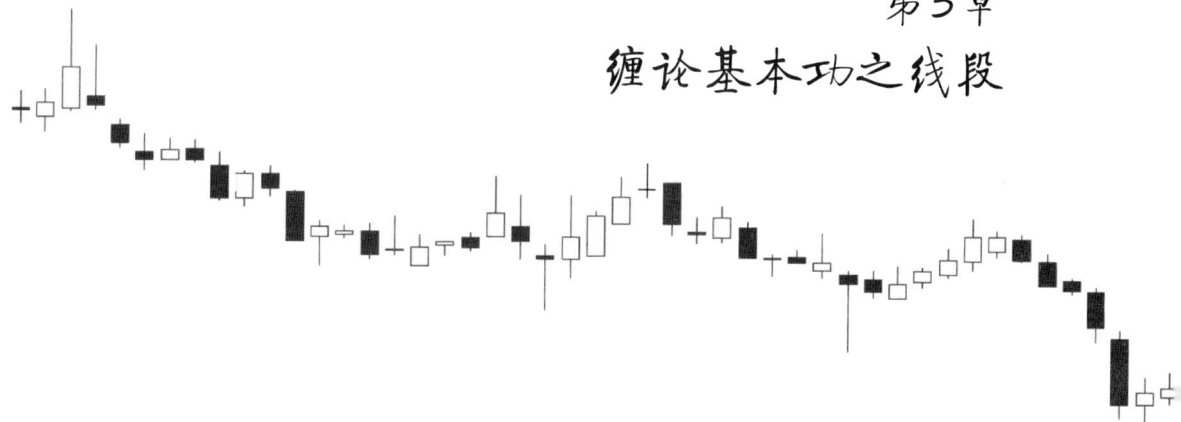

　　按照缠论的逻辑，最小级别的分型与笔之后，就是由分型和笔共同组成的线段了，而线段又是构成走势中枢的要素。与分型和笔相比，线段的形态更复杂，结构也更稳定。

　　线段具有极其重要的意义。其一，线段是缠论递归的基础；其二，从更高级别的图表周期来看，对线段的开始与结束的判断构成了缠论形态学的大部分内容。

　　本章主要介绍线段的基本定义、延伸与结束、特征序列以及线段的划分。同时，缠论中的线段可视作无内部结构的次级别走势，掌握线段的内容，对投资者判断股市走势有重要的辅助作用。

3.1/ 线段的基本定义

缠论中的线段是继笔之后的又一个重要概念，它也是理解和掌握走势中枢这一概念的前提。

有了笔，线段就很简单了，线段至少要有3笔。线段分两种，从向上一笔开始的和从向下一笔开始的。

——缠中说禅教你炒股票65课

线段有一个最基本的前提，就是线段的前3笔必须有重叠的部分。这个前提在前面可能没有特别强调，但在这里必须特别强调一次。线段至少有3笔，但并不是连续的3笔就一定能构成线段，这3笔必须有重叠的部分。用线段被笔破坏的定义可以证明线段分解定理：线段被破坏，当且仅当被有重叠部分的连续3笔中的其中1笔破坏。而只要构成有重叠部分的前3笔，就必然会形成一条线段。换言之，线段破坏的充要条件就是被另一条线段破坏。

——缠中说禅教你炒股票65课

根据缠师的上述说法，可以总结出线段的定义：连续的3笔之间若存在重叠部分，则其起点和终点之间的连线就为线段。

❯❯ 形态解析

（1）如图3-1所示，在①中，因为AB、BC以及CD为连续的3笔，而且它们之间存在重叠部分，所以AD之间的连线就为线段。

（2）在②中，因为EF、FG和GH为连续的3笔，而且它们之间存在重叠部分，所以EH之间的连线就为线段。

（3）线段与笔一样，由顶和底构成，同一性质的两顶或两底不能构成笔和
线段。

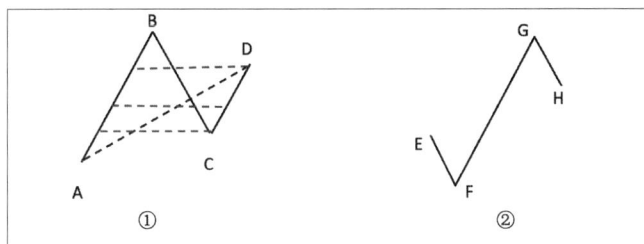

图3-1　线段形态

^{3.2}/ 线段的延伸与结束

和笔一样，线段可以延伸，也可以结束。因为线段是构成中枢的要素，所
以掌握线段的延伸与结束对分析股市形态有极大的帮助。

3.2.1　线段的延伸

线段的延伸就是线段在产生以后，不在相反方向产生新的线段，而是延续
原线段在同方向上的走势。

关于线段的延伸，首先看图 3-2。

⯆ 形态解析

（1）如图 3-2 所示，① 为向上延伸的线段，即向上线段 AB 产生之后，一
直没有在反方向上产生新的线段，而是一直延伸到 C 处，这种情况就称为线段
AB 的延伸。在缠论中，如果股价处于上升的趋势中，并且最初上升趋势中的
一笔是向上的，那就意味着此时出现了重要的买入时机。

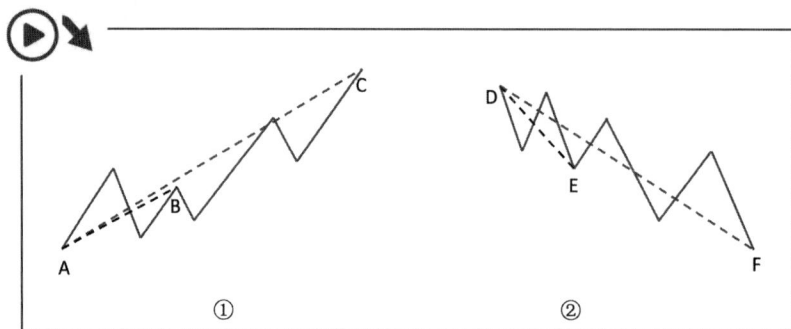

图3-2　线段的延伸

（2）②为向下延伸的线段，即向下线段 DE 产生之后，一直没有在反方向上产生新的线段，而是一直延伸到 F 处，这称为线段 DE 的延伸。

由图 3-2 可知线段延伸的概念：线段产生以后，若不在相反的方向产生新的线段，则这条线段在同一方向的走势就称为该线段的延伸。

下面以图 3-3 所示的美好置业日 K 线图中向下延伸的线段为例进行分析。

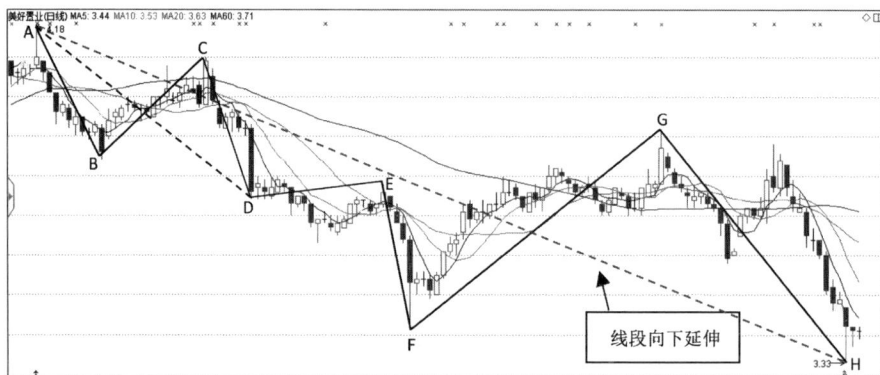

图3-3　美好置业日K线图

操作提示 1：如图 3-3 所示，向下线段 AD 产生之后，没有在反方向产生新的线段，而是一直延伸至 H 处，并且没有停止的趋势。

操作提示 2：对于投资者来说，分析与投资一般建立在日 K 线级别的线段上。在日 K 线级别的线段中，上升线段做多，下降线段做空。

操作提示3：很多时候，因为线段回避了震荡这一主要的走势类型，所以在大级别上用线段来进行分析、操作时，不能进行震荡交易。

3.2.2 线段的结束

对于线段的结束，我们之前有所涉及，但没有详解，因此我们在这里详细讲解线段的结束。

缠中说禅线段分解定理：线段被破坏，当且仅当被有重叠部分的连续3笔中的其中1笔破坏。而只要构成有重叠部分的前3笔，就必然会形成一条线段，换言之，线段破坏的充要条件就是被另一条线段破坏。

——缠中说禅教你炒股票65课

线段结束是因为线段被破坏了。

形态解析

（1）如图3-4所示，①中的向上线段AD产生之后，紧接着在相反方向产生了向下线段DG，使得原来的线段AD结束，原来的线段AD被新线段DG破坏。

（2）②中向下线段HK产生之后，紧接着在相反方向产生了向上线段KN，使得原来的线段HK结束，原来的线段HK被新线段KN破坏。

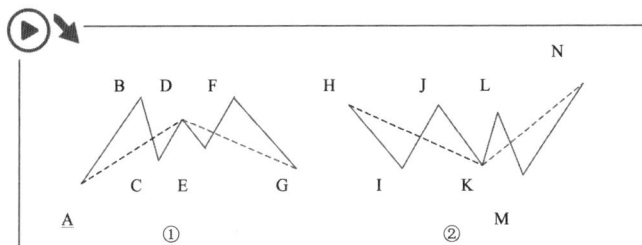

图3-4　线段的结束

由图3-4可知线段结束的概念：线段产生以后，若在相反的方向产生新的线段，那么原来的线段就此结束，即原来的线段被新线段破坏。

下面以图 3-5 所示的黔轮胎日 K 线图为例进行分析。

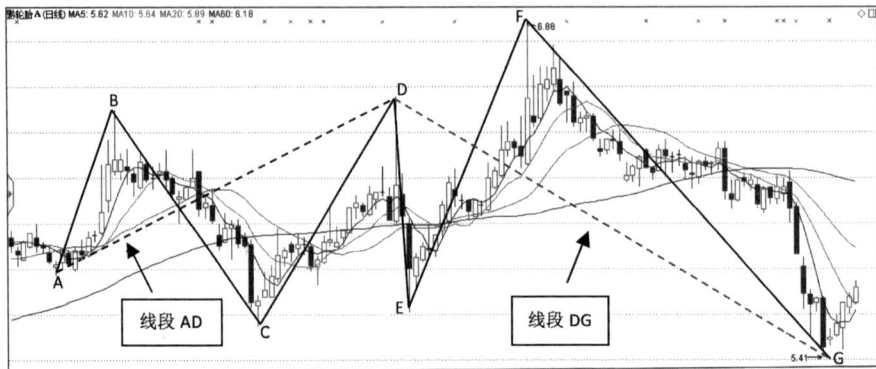

图3-5　黔轮胎日K线图

操作提示 1：从 K 线形态特征来看，线段的顶点和底点出现了顶分型与底分型，这是缠论线段的起始点；如图 3-5 所示，向上线段 AD 产生之后，在反方向产生新的线段 DG，此时，原来的线段 AD 因被新产生的线段 DG 破坏而结束。

操作提示 2：从缠论形态完成情况来看，线段是比较复杂的形态，在黔轮胎日 K 线图中，并不是只有一条线段，而是存在两条；从图 3-5 中可知，股价虽有几次较大幅度的上涨，并且在 F 处达到最高点，但是随着股市下跌趋势的延续，多笔构成了线段，线段继续延续下跌趋势，此时持股者应尽量减仓以避免损失。

3.3 / 线段的特征序列

为了更加精准地分析线段，缠论中引入了线段的特征序列这一概念。有了特征序列之后，就不用担心线段中会出现类似"小级别转大级别"的现象。

线段的特征序列可以帮助投资者进一步分析股市情况并正确划分线段。正确划分分型和笔是分析线段特征序列的前提。

缠论将线段的特征序列分为两种，一种从向上笔开始，另一种从向下笔开始，缠论中也给出了线段特征序列的具体定义。

以向上笔开始的线段，可以用笔的序列表示：S1X1S2X2S3X3…SnXn，其中序列X1X2…Xn成为以向上笔开始线段的特征序列；以向下笔开始的线段，可以用笔的序列表示：X1S1X2S2X3S3…XnSn，其中序列S1S2…Sn成为以向下笔开始线段的特征序列。特征序列两相邻元素之间没有重合区间，这些非重合的区间称为该序列的一个缺口。

——缠中说禅教你炒股票67课

接下来分别列举向上线段的特征序列和向下线段的特征序列。

1. 向上线段的特征序列

由"序列 X1X2…Xn 成为以向上笔开始线段的特征序列"可知其形态。

形态解析

（1）如图 3-6 所示，构成向上线段最初的一笔 S1 为向上笔。图 3-6 中的线段可以用笔的序列表示为 S1X1S2X2S3X3S4，其中 X1、X2、X3 为特征序列。

（2）任意向上线段，可用笔的序列表示为 S1X1S2X2S3X3…Sn。

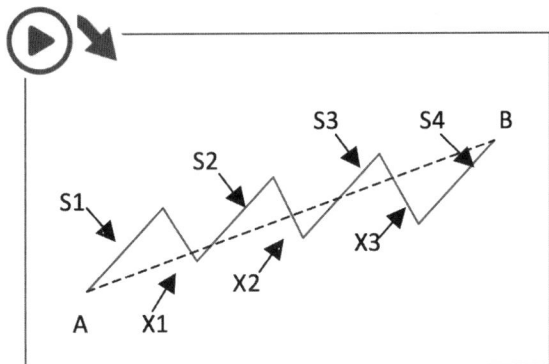

图3-6　向上线段的特征序列

2. 向下线段的特征序列

形态解析

（1）如图 3-7 所示，构成向下线段最初的一笔 X1 为向下笔，可用笔序列表示为 X1S1X2S2X3S3X4，其中 S1、S2、S3 为特征序列。

（2）任意向下线段，可用笔的序列表示为 X1S1X2S2X3S3X4…Xn。

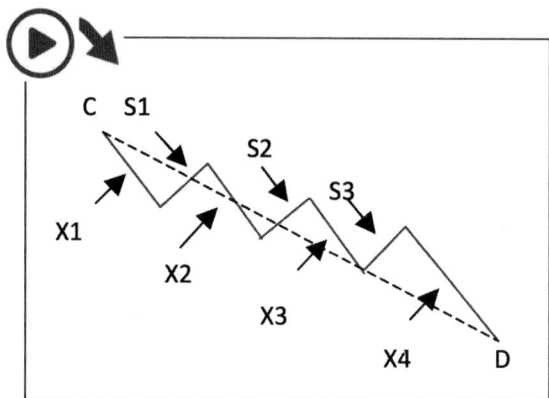

图3-7 向下线段的特征序列

3. 线段的标准特征序列

检查序列 X1X2X3…Xn，其中任何相邻的特征序列元素 Xi、Xi+1 之间，都存在以下 3 种相互关系。

（1）两个特征序列元素之间不存在交集，即两个特征序列元素之间没有重合部分。若将线段中的每一个元素都当作一根 K 线，则两个相邻元素之间没有重合区间，则非重合区间称作该序列的缺口。

（2）前后两个特征序列元素之间存在交集，其中一个元素不能包含在另一个元素中。

（3）前后两个特征序列元素，其中一个元素被另一个元素完全覆盖。若将线段中的每一个元素都当作一根 K 线，则将其称为特征序列元素之间存在包含关系，可用处理 K 线包含关系的方式来处理特征序列元素间的包含关系。

形态解析

（1）图3-8为上述第1种关系，即"两个特征序列元素之间不存在交集，即两个特征序列元素之间没有重合部分。若将线段中的每一个元素都当作一根K线，则两个相邻元素之间没有重合区间，则非重合区间称作该序列的缺口"。图中①和②中都存在缺口。

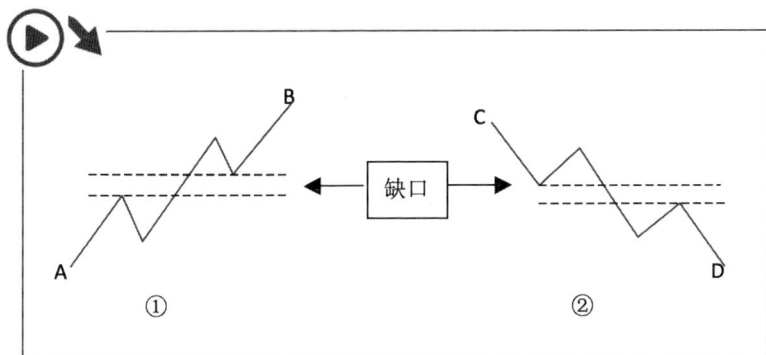

图3-8　线段的标准特征序列

（2）若特征序列与线段走势的方向相反，则可以将这种情况看作对原线段的"反抗"，即线段内部的回调。在股市图中可根据线段内部回调的力度来判断线段走势的特征。

特征序列的标准化处理如图3-9所示。

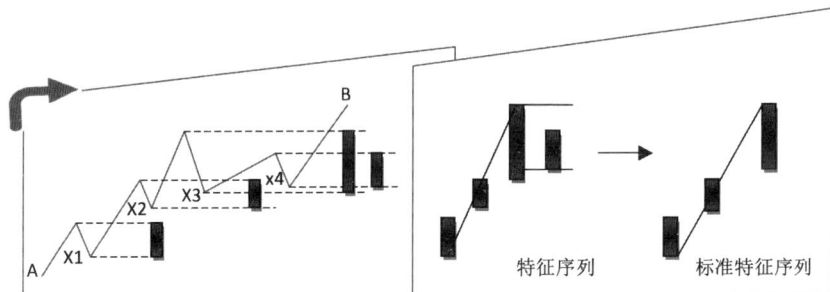

图3-9　特征序列的标准化处理

形态解析

（1）图3-9为序列 X1X2X3…X*n*，其中任意相邻的特征序列元素 X*i*、X*i*+1 之间，存在3种相互关系中的第3种情况，即"前后两个特征序列元素，其中一个元素被另一个元素完全覆盖。若将线段中的每一个元素都当作一根K线，则将其称为特征序列元素之间存在包含关系，对于特征序列元素间的包含关系，可用处理K线包含关系的方式来处理特征序列元素间的包含关系"。观察图3-9左边的图形可以发现，在向上线段 AB 中，X1、X2、X3 与 X4 分别对应了4根K线，其中 X3 与 X4 对应的K线存在包含关系，对其进行包含关系处理。

（2）处理了特征序列元素的包含关系之后，原来的特征序列变成标准特征序列，如图3-9右边的图形所示。

（3）值得注意的是，只有当第3种情况出现时，才可处理特征序列的包含关系，若非特征序列中的包含关系，则不必处理。

3.4 / 线段的划分

很多时候，我们在分析时会遇到线段被破坏的情况，有些投资者遇此情况就慌乱了。在了解特征序列和标准特征序列的基础之上，我们可以进一步划分线段来应对这种情况。

3.4.1 线段被笔破坏

缠论中给出了线段被笔破坏的两种情况。

1. 向上线段被笔破坏

先看缠论中是如何定义"向上线段被笔破坏"的。

对于从向上一笔开始的行情走势形态，其中的分型构成这样的序列：

d1g1d2g2d3g3…g*i*…d*j*（其中g*i*代表第*i*个顶，d*j*代表第*j*个底）。如果找到*i*和*j*，且*j*≥*i*+2，使d*j*≤g*i*，那么称向上线段被笔破坏。

——缠中说禅教你炒股票65课

缠论中关于"向上线段被笔破坏"的定义，是以数学公式的方式来表达的，在实战中，向上线段被笔破坏，就是前高被跌破。

判断线段是否被破坏，也就是考查线段中最后一个特征序列的缺口是否被封闭。若被封闭，则被笔破坏；若没有被封闭，则未被笔破坏。

形态解析

（1）在图 3-10 中，由线段走势可以发现，线段 d1g2 为向上线段，因为笔 d1g1 为向上的一笔，笔 g2d3 则为向下的一笔。

（2）但是因为 d3 小于 g1，所以向上线段 d1g2 被笔 g2d3 破坏。

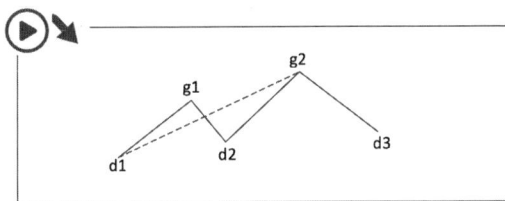

图3-10　向上线段被笔破坏

下面以图 3-11 所示的山鹰纸业日 K 线图为例进行分析。

图3-11　山鹰纸业日K线图

操作提示1：如图3-11所示，把D点作为股票走势中的最后一笔；确定线段被笔破坏的第1个方法是以上升笔开始的线段AB的前期高点被新的笔BC破坏。

操作提示2：确定线段被笔破坏的第2个方法是由图3-11中的线段走势可以看出，最后1个特征序列的缺口被封闭，这意味着出现了线段被笔破坏的情况。

2. 向下线段被笔破坏

先看看缠论中是如何定义"向下线段被笔破坏"的。

对于从向下一笔开始的行情走势形态，其中的分型构成这样的序列：$g_1d_1g_2d_2\cdots d_i\cdots g_j$（其中$d_i$代表第$i$个底，$g_j$代表第$j$个顶）。如果找到$i$和$j$，且$j \geq i+2$，使得$g_j \geq d_i$，那么称向下线段被笔破坏。

——缠中说禅教你炒股票65课

缠论中关于"向下线段被笔破坏"的定义，是以数学公式的方式来表达的，在实战中，向下线段被笔破坏就是前低被升破。

同样，判断线段是否被笔破坏，也就是考查线段中最后一个特征序列的缺口是否被封闭。若被封闭，则被笔破坏；若没有被封闭，则未被笔破坏。

≫ 形态解析

（1）在图3-12中，由线段走势可以发现，线段g_1d_2为向下线段，因为笔g_1d_1为向下的一笔，笔d_2g_3则为向上的一笔。

（2）但是因为g_3大于d_1，所以向下线段g_1d_2被笔d_2g_3破坏。

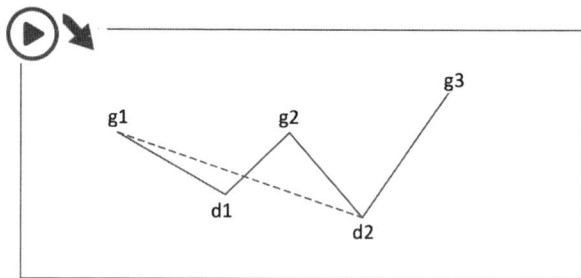

图3-12　向下线段被笔破坏

下面以图 3-13 所示的天润乳业日 K 线图为例进行分析。

图3-13　天润乳业日K线图

操作提示 1：如图 3-13 所示，把 D 点作为股票行情走势中的最后一笔；确定线段被笔破坏的第 1 个方法是以下降笔开始的线段 AB 的前期低点被新的笔 ED 破坏。

操作提示 2：确定线段被笔破坏的第 2 个方法是由图 3-13 中线段的走势可以看出，最后 1 个特征序列的缺口被封闭，这意味着出现了线段被笔破坏的情况。

3.4.2　线段被线段破坏

线段除了被笔破坏之外，还能被其他线段破坏。

缠论中说："只要构成有重叠部分的前 3 笔，就必然会形成一条线段，换言之，线段破坏的充要条件就是被另一条线段破坏。"

同时，缠论中也说明了"线段不能对线段构成破坏"的情况。

线段只有被线段破坏，才能确定线段完成。对于线段划分的第 1 种情况，如果第 1 笔出现笔破坏后，接下来的一笔就创新高，而且再后来的一笔根本就不触及笔破坏那一笔，这时候，显然不构成线段对线段的破坏，因为后面这几笔没有重合，不可能构成一条线段。

——缠中说禅教你炒股票77课

线段是否被线段破坏，关键得看第2条线段能不能达到破坏前1条线段的要求。

首先来看向上线段被向下线段破坏的情况。

形态解析

（1）如图 3-14 所示，根据线段走势可发现，线段 d1g2 为向上线段，因为笔 d1g1 为向上的一笔。线段 g2d4 为向下线段，因为笔 g2d3 为向下的一笔。

（2）但是 d3 小于 g1，即原来的向上线段 d1g2 被新的向下线段 g2d4 破坏。

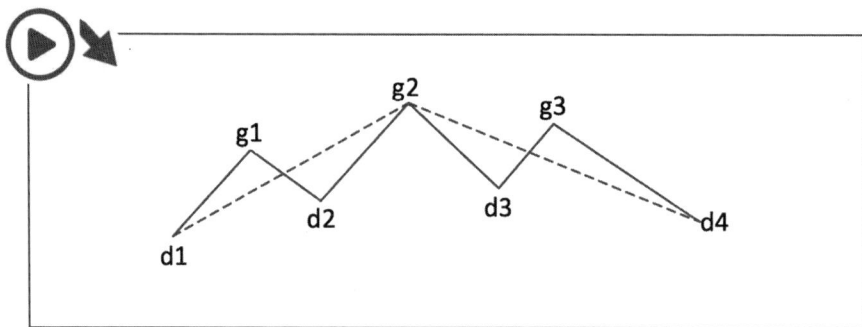

图3-14　向上线段被向下线段破坏

接下来看向下线段被向上线段破坏的情况。

形态解析

（1）如图 3-15 所示，根据线段走势可以发现，线段 g1d2 为向下线段，因为笔 g1d1 为向下的一笔。线段 d2g4 为向上线段，因为笔 d2g3 为向上的一笔。

（2）但是 g3 大于 d1，即原来的向下线段 g1d2 被新的向上线段 d2g4 破坏。

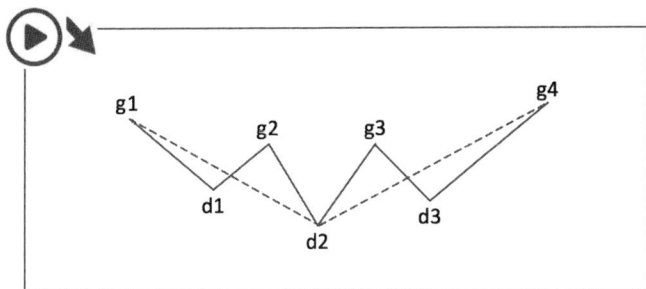

图3-15　向下线段被向上线段破坏

3.4.3　线段的分解

熟练掌握线段的分解有助于准确分析股票走势。

关于特征序列的分型方法，如果把每一元素都看成是一根K线，那么就如同在一般K线图中找分型一样。参照一般K线图关于顶分型与底分型的定义，可以确定线段的特征序列的顶和底。注意，以向上笔开始的线段的特征序列，只考查顶分型；以向下笔开始的线段的特征序列，只考查底分型。

——缠中说禅教你炒股票67课

线段的分解以是否出现特征序列缺口作为评价标准。

缠论中将线段的分解划分为两种情况。

1. 第 1 种情况

在特征序列的顶分型中，如果第1元素和第2元素间不存在特征序列的缺口，那么该线段在该顶分型的高点处结束，该高点是该线段的终点。在特征序列的底分型中，如果第1元素和第2元素间不存在特征序列的缺口，那么该线段在该底分型的低点处结束，该低点是该线段的终点。

——缠中说禅教你炒股票67课

缠论中列举的第 1 种情况，主要说明的是"在特征序列的顶分型和底分型中，第 1 元素和第 2 元素间不存在特征序列的缺口"的情况。

形态解析

（1）如图 3-16 所示，由 ① 可以导出特征序列的顶分型 ②。

（2）观察①，第 1 元素和第 2 元素间没有缺口，并且该线段在所在顶分型的最高点处结束，则最高点是此线段的终点。

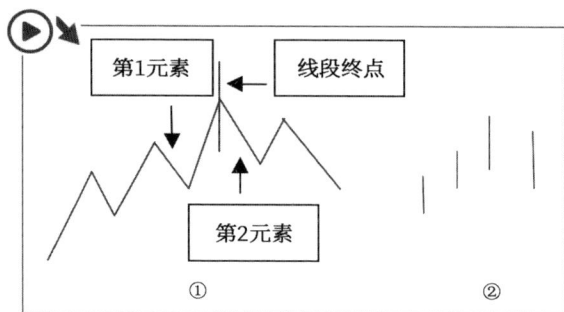

图3-16　线段的分解（1）

形态解析

（1）如图 3-17 所示，由 ① 可以导出特征序列的底分型 ②。

（2）观察①，第 1 元素和第 2 元素间不存在缺口，并且该线段在所在底分型的最低点处结束，则最低点是此线段的终点。

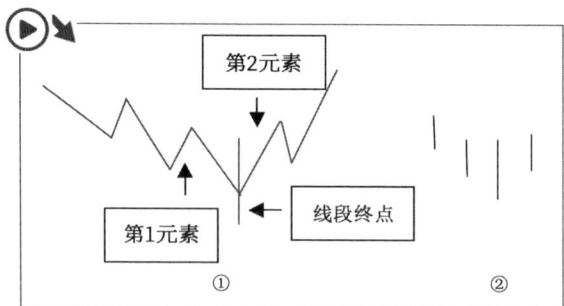

图3-17　线段的分解（2）

2. 第 2 种情况

在特征序列的顶分型中，第1元素和第2元素间存在特征序列的缺口，如果从该顶分型最高点起的向下一笔开始的线段的特征序列出现底分型，那么该线段在该顶分型的高点处结束，该高点是该线段的终点；在特征序列的底分型中，第1元素和第2元素间存在特征序列的缺口，如果从该底分型最低点起的向上一笔开始的线段的特征序列出现顶分型，那么该线段在该底分型的低点处结束，该低点是该线段的终点。

——缠中说禅教你炒股票67课

缠论中列举的第 2 种情况，主要说明的是"在特征序列的顶分型和底分型中，第 1 元素和第 2 元素间存在特征序列的缺口"的情况。

形态解析

（1）如图 3-18 所示，由 ① 可以导出特征序列的顶分型 ②。

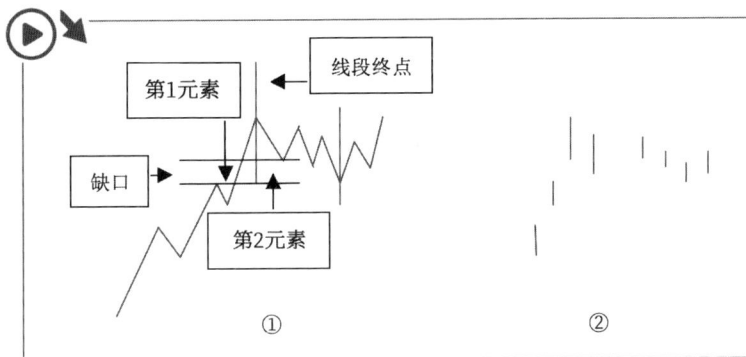

图3-18　线段的分解（3）

（2）观察①，第 1 元素和第 2 元素间存在缺口，如果从此顶分型最高点起的向下一笔开始的线段的特征序列出现底分型，则此线段在此顶分型的最高点结束，最高点是此线段的终点。

（3）值得注意的是，在"第1元素和第2元素间存在缺口"的情况下，后一特征序列不一定会封闭前一特征序列相应的缺口；并且第2个序列中的分型，不分"第1元素和第2元素间存在缺口"及"第1元素和第2元素间不存在缺口"这两种情况，只要是底分型就满足条件。

形态解析

（1）如图3-19所示，由①可以导出特征序列的底分型②。

（2）观察①，第1元素和第2元素间存在缺口，如果从此底分型最低点起的向上一笔开始的线段的特征序列出现顶分型，则此线段在此底分型的最低点结束，最低点是此线段的终点。

（3）值得注意的是，在"第1元素和第2元素间存在缺口"的情况下，后一特征序列不一定会封闭前一特征序列相应的缺口；并且在第2个序列中的分型，不分"第1元素和第2元素间存在缺口"及"第1元素和第2元素间不存在缺口"这两种情况，只要是顶分型就满足条件。

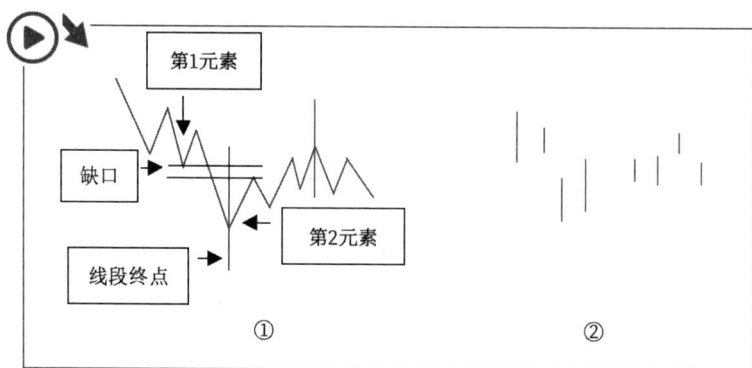

图3-19　线段的分解（4）

3.4.4　线段的强弱

在股市中，即便是两条同样的向上或向下的线段也会有所不同。对于向上的线段来说，有的涨幅较大，上涨速度较快；有的涨幅较小，上涨速度较慢。

线段上涨或下降的幅度与股市走势有着密切的关系，接下来以图 3-20 中的向上的线段为例来说明线段的强弱。

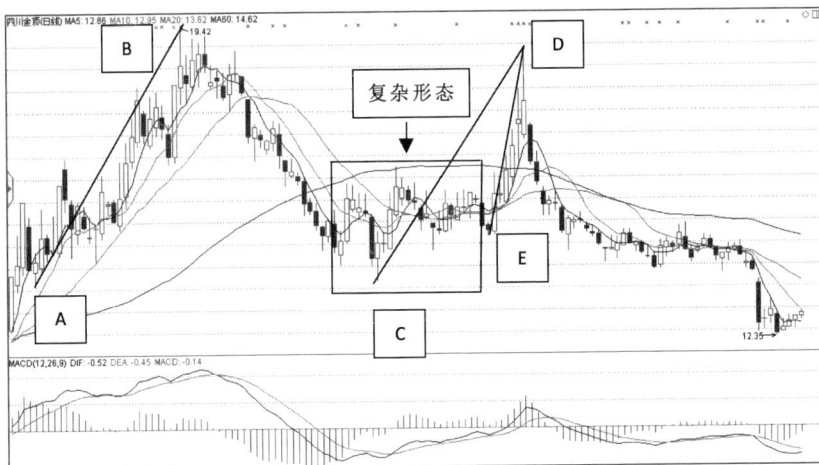

图3-20　四川金顶日K线图

操作提示 1：如图 3-20 所示，线段形态越简单，其力度就越强，比较线段 AB 和线段 CD，线段 AB 比线段 CD 的形态简单一些，表明多空竞争不是非常激烈，双方对未来走势的发展意见趋于一致，所以后续走势的幅度较大，其上涨的力度较强，从图中可以看出，在线段 AB 中股价到达了最高点。

操作提示 2：走出复杂形势的线段的力度较弱，比较线段 CD 和线段 ED，线段 CD 处在复杂形态之中，其力度较弱；而线段 ED 处在复杂整理结束之后，此时的上涨速度较快，涨幅较大。

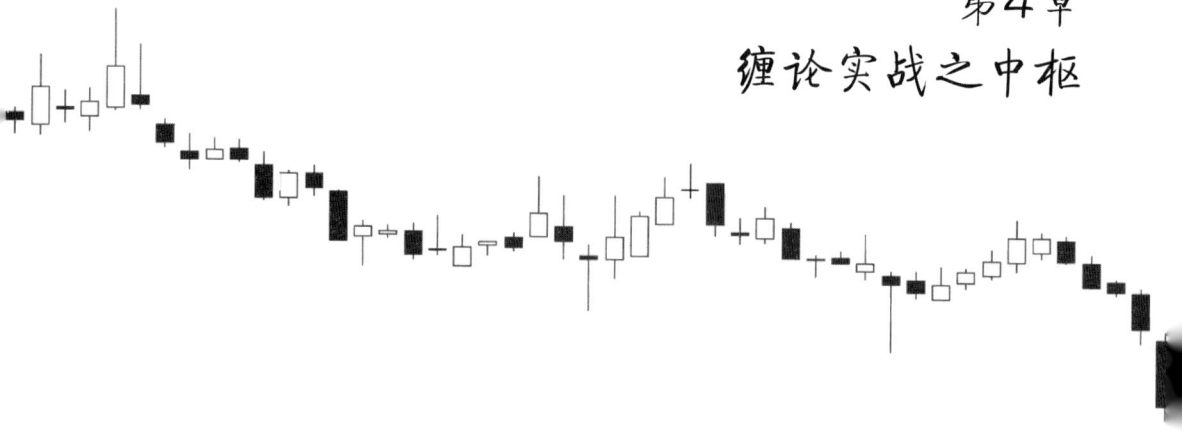

第4章
缠论实战之中枢

同样按照缠论的逻辑，介绍完最小级别的分型与笔，以及由分型和笔共同组成的线段之后，就应对中枢进行解释。

缠论之"缠"，即K线图中的价格重叠区域，也是买卖双方对抗的区域，此区域就是中枢。而研究缠论中的中枢，就是深入分析价格的基本走势和复杂的价格变化。只有深入分析，才能更加明确并把握住某只股票的交易机会。

中枢是缠论的一大特色，是缠论有别于西方技术分析理论的标志。

本章主要介绍中枢的概念、中枢的简单形态、复杂形态以及走势类型，望广大投资者能够扎实地掌握本章内容。

4.1 / 走势中枢的概念

本节主要讲解走势中枢的概念和形成。

4.1.1 相关概念界定

在界定这些概念时，缠论出现了一个逻辑上的错误，即犯了循环定义的错误。但是这并不影响我们学习缠论。

关于走势中枢，缠论中的定义如下。

为了深入研究这个复杂的问题，必须先引入缠中说禅走势中枢的概念：在某级别走势类型中，至少3个连续次级别走势类型重叠的部分，被称为缠中说禅走势中枢。换言之，缠中说禅走势中枢就是由至少3个连续次级别走势类型重叠的部分构成。这里有一个递归的问题，就是这个次级别不能无限分解下去，就像有些人说"一分为二"，而"分"不是无限的，按照量子力学理论，物质之分是有极限的，同样的，级别之分也不可能是无限的。在实际中，对最后不能分解的级别，其缠中说禅走势中枢就不能用"至少3个连续次级别走势类型重叠的部分"来定义，而应被定义为"至少3个该级别单位K线重叠的部分"。

——缠中说禅教你炒股票17课

这里重新定义了中枢的概念，即在某级别走势类型中，至少 3 个连续次级线段重叠的部分被称为走势中枢。具体的计算以前 3 个连续次级别线段的重叠为准，中枢区间为前 3 个连续次级别线段重叠的部分。

而对于"走势类型、趋势、盘整"，缠论中也给出了相应的定义。

1. 走势类型

缠中说禅之走势类型：上涨、下跌、盘整。

——缠中说禅教你炒股票17课

2. 趋势

缠中说禅之趋势：在任何级别的走势中，如果某完成的走势类型至少包含两个连续同向的走势中枢，则称为该级别的趋势；方向向上就称为上涨，方向向下就称为下跌。

——缠中说禅教你炒股票17课

缠论把上涨和下跌这两种走势类型统称为趋势。

3. 盘整

缠中说禅之盘整：在任何级别的走势中，如果某完成的走势类型只包含一个走势中枢，则这种情况就称为该级别的盘整。

——缠中说禅教你炒股票17课

缠论把某完成的走势类型中只包含一个走势中枢的情况称为该级别的盘整。

4.1.2 中枢的形成

用数学来表达中枢，简单明了。

缠中说禅之走势中枢是指在某级别走势类型中，行情被至少3个连续次级别走势类型重叠的部分。具体的计算以前3个连续次级别重叠的部分为准，用公式可以表示为：次级别的连续3个走势类型A、B、C的高点、低点分别是a1和a2、b1和b2、c1和c2，则中枢的区间就是[max（a2,b2,c2），min （a1,b1,c1）]。实际上目测就可以进行判断，不用这么复杂。注意，只有当次级别的前3个走势类型都是完成的，才构成该级别的走势中枢，完成的走势类型在次级别图上是很明显的，根本不用再看比次级别更低级别的图了。

——缠中说禅教你炒股票18课

　　走势中枢的数学表达式为：A、B、C的高点、低点分别是a1和a2、b1和b2、c1和c2，中枢的区间就是[max（a2,b2,c2），min（a1,b1,c1）]。而中枢的形成方式无非两种，一种是回升形成，另一种是回调形成。对于第1种有a1=b1，b2=c2；对第2种有a2=b2，b1=c1。但无论是哪种情况，中枢的公式都可以简化为[max（a2,c2），min（a1,c1）]。显然，A、C走势段的方向与中枢形成的方向一致，由此可见，在中枢的形成与延伸中，与中枢形成方向一致的次级别走势类型的区间重叠确定。例如，回升形成的中枢，由向上的次级别走势类型的区间重叠确定，反之亦然。为了方便分析，后文都把这些与中枢方向一致的次级别走势类型称为"Z"走势段，按中枢中的时间顺序，记为Zn，而相应的高点、低点分别记为g_n、d_n，定义4个指标GG=max(g_n)、G=min(g_n)、D=max(d_n)、DD=min(d_n)，n遍历中枢中的所有Zn。特别地，再定义ZG=min(g1, g2)、ZD=max(d1, d2)，显然，[ZD, ZG]就是走势中枢的区间。

——缠中说禅教你炒股票18课

　　运用数学公式有利于投资者在某个股票走势中寻找中枢的区间，从而找到某个具体的买卖点。

4.2/ 走势中枢的简单形态

介绍了相关概念之后，接下来具体介绍走势中枢的形态。

由前面的内容可知，缠论中走势中枢的形成有两种方式：一种是回升形成，另一种是回调形成。

1. 第1种中枢，"下—上—下"型

形态解析

（1）"下—上—下"型中枢是在上涨中形成的走势中枢，从向下的线段开始。

（2）图4-1中虚线方框中的部分是股市在上涨中回调形成的"下—上—下"型

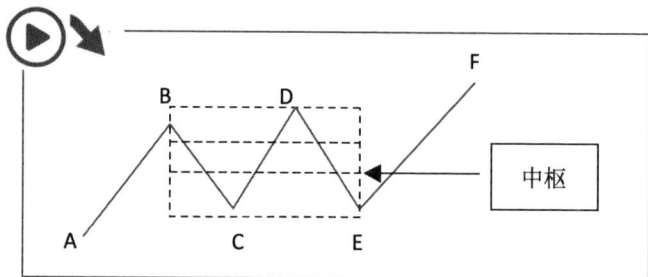

图4-1　中枢"下—上—下"型

走势中枢，中枢区间为3段重叠的部分，D点为区间高点，E点为区间低点。

2. 第2种中枢，"上—下—上"型

形态解析

（1）"上—下—上"型中枢是在下跌中形成的走势中枢，从向上的线段开始。

（2）图4-2中虚线方框中的部分是股市在下跌

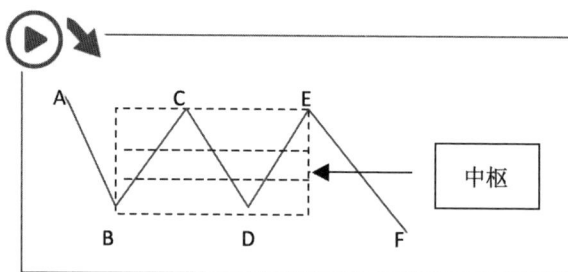

图4-2　中枢"上—下—上"型

中回升形成的"上—下—上"型走势中枢,中枢区间为 3 段重叠的部分,C点
为区间高点,D点为区间低点。

下面以图 4-3 所示的理工环科日 K 线图为例进行分析。

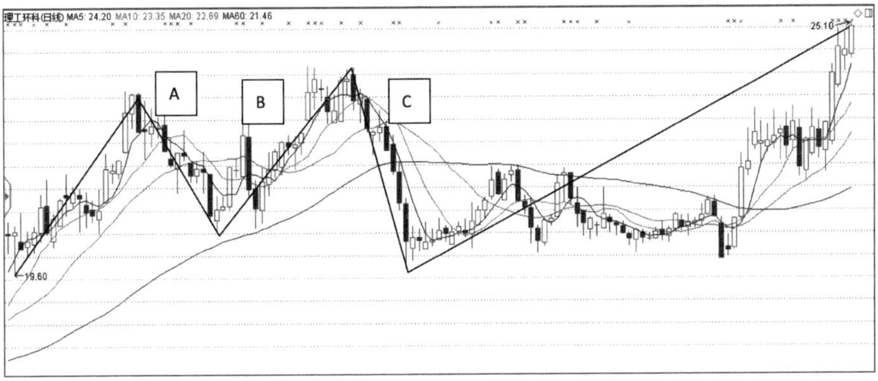

图4-3　理工环科日K线图

操作提示 1:如图 4-3 所示,从缠论形态完成情况来看,A、B、C 共同
构成了缠论次级别走势调整中枢状态,此时是把握交易的良好时机,因为股价
在调整中枢状态中积累的涨幅有限,投资者应把握短线交易时机。

操作提示 2:从价格走势情况看,A 处是股价次级上升趋势中比较典型的
调整走势;A 处出现以后,中枢开始形成;股价出现了 A 处的回调、B 处的上
涨,以及 C 处的再次回调走势。

4.3/ 走势中枢的复杂形态

走势中枢的复杂形态即某个 K 线图中包含的不同数量的走势中枢。

同时,因为股市中的任何走势都会以结束告终,只是在走势过程中,走势
中枢会有不同的变化,所以根据不同的变化,将走势发展的情况分为 3 种,即
走势中枢的延伸、走势中枢的新生和走势中枢的扩展。

4.3.1 走势中枢的延伸

因为走势中枢是由 3 个次级别的线段的重叠部分构成的，在其后的走势中，会出现线段脱离中枢，之后以一个次级别的线段返回中枢的状态，这一过程就是走势中枢的延伸。走势中枢的延伸这一过程的表现形态被称为盘整。

形态解析

（1）从 K 线形态上看，图 4-4 中的走势中枢不止 3 个，而是有 5 个。图中左侧虚线方框为 3 个次级别的走势中枢，这时中枢形态已经完成，但是紧接着又延伸了 2 个中枢，最终形成 5 个走势中枢。

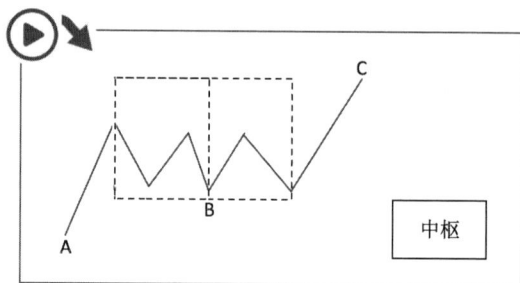

图4-4　走势中枢的延伸

（2）5 个走势中枢属于较大的中枢形态，中枢形态完成以后，股市价格会出现变化。盘整形态出现时，股价会呈上升状态，技术指标会出现超买信号。

（3）相对强弱指标（Relative Strength Index，RSI）是衡量证券自身内在相对强度的指标。但相对强弱指标的理论和实践适用于股票市场的短线投资，通常被用于股价上涨和下跌的测量和分析中。

在 K 线图中，可用 RSI 确认盘整的终止。当 RSI 指标从 50 下方的双底反弹中开始上升时，是价格即将走强的信号，同时也会出现更多的交易机会。

（4）从表现形态上看，走势中枢的延伸实际上就等同于盘整。

下面以图 4-5 所示的 *ST 东海 A 日 K 线图为例进行分析。

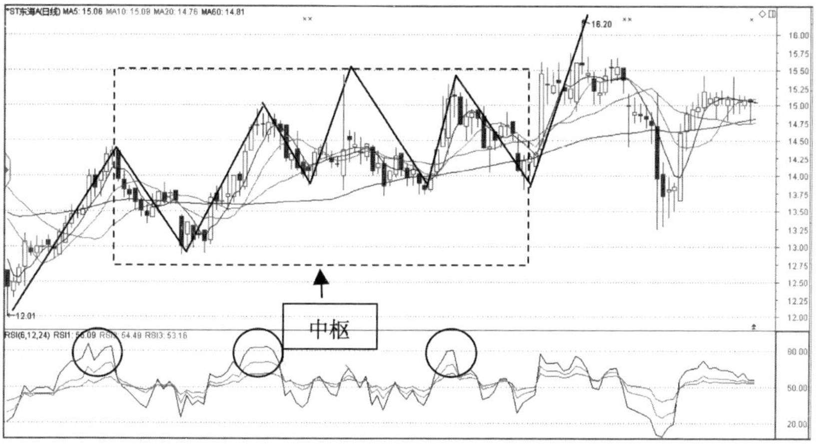

图4-5 *ST东海A日K线图

操作提示1：图4-5中的走势中枢为较复杂的形态，由7个走势中枢组成，并且股价出现了多次上涨和回落。

操作提示2：从K线形态特征看，随着中枢的形成，股价也随之变动，在图4-5中标注的3个圆圈处，RSI数值达到了80以上，出现了超买信号；在此中枢中，价格出现双向波动，调整中枢规模较大。

4.3.2 走势中枢的新生

一个走势中枢形成之后，以一个次级别的线段脱离中枢，若接下来一个次级别的线段不能返回中枢区间之内，则形成了走势中枢的新生。

走势中枢的新生的这种表现形态称为趋势。

如图4-6所示，在任何级别的走势中，若某完成的走势类型至少包含两个连续同向的走势中枢，则称作该级别的趋势。

而在趋势里，同级别的前后走势中枢是不能有任何重叠的，包括任何围绕走势中枢产生的瞬间波动之间的重叠。如果3个连续次级别走势类型的重叠区间与前面的走势中枢没有任何重叠，但围绕该中枢产生的波动触及前面走势中枢延续时的某个瞬间波动区间，那么这时候就不能认为该走势类型是趋势，而只能认为是产生了一个更大级别的走势中枢。

——缠中说禅教你炒股票20课

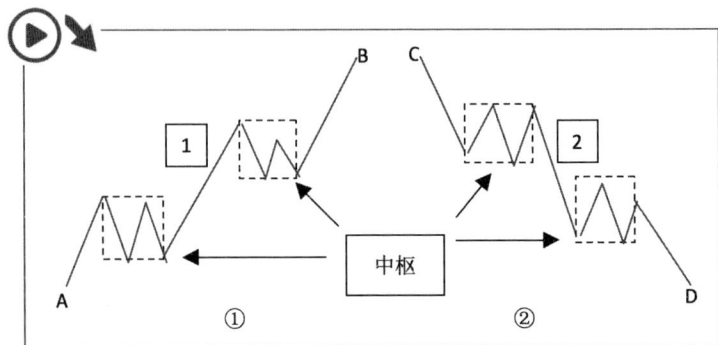

图4-6　走势中枢的新生

形态解析

（1）如图 4-6 所示，在 ① 中，从 A 至 B 中，此走势类型含有 2 个走势中枢，并且这 2 个走势中枢是同级别的。AB 为上涨趋势，含有 2 个依次向上的走势中枢。第 1 个中枢产生以后，线段离开中枢，第 2 个中枢没有返回第 1 个中枢中，而是形成了新的中枢。

（2）在 ② 中，从 C 至 D 中，此走势类型含有 2 个走势中枢，并且这 2 个走势中枢是同级别的。CD 为下跌趋势，含有 2 个依次向下的走势中枢。第 1 个中枢产生以后，线段离开中枢，第 2 个中枢没有返回第 1 个中枢中，而是形成了新的中枢。

（3）调整中枢形态由更复杂的价格双向波动构成，是 3 个以上的次级别走势完成的调整形态。

下面以图 4-7 所示的 *ST 建峰 60 分钟 K 线图为例进行分析。

图4-7　*ST建峰60分钟K线图

操作提示1：从缠论中枢形态的完成情况看，虽然在A处已经形成中枢，但在B处又出现了中枢形态，并且B处的中枢的波动没有触及A处中枢。

操作提示2：从价格走势中看，股价在B处中枢到达了最高点，同时相对应的RSI在C处到达了目前的最高点，出现了见顶的状态。在价格见顶之后，出现了缠论中的调整中枢。确认RSI见顶对于投资者分析股市来说很重要，有利于持股者掌握建仓交易的时机。此股票在C处出现的RSI超买现象，说明股市经历了局部调整。

4.3.3　走势中枢的扩展

与走势中枢的新生不同，走势中枢的扩展是，形成的新中枢与原中枢不存在重叠的部分，但是新形成的中枢的波动触及了原中枢的区间，那么就称这种形态为走势中枢的扩展。

形态解析

（1）在图4-8的①中，从A至B中，此走势类型含有2个走势中枢，并且这2个走势中枢是同级别的。AB为上涨趋势，含有2个依次向上的走势中枢。但是第1个中枢产生以后，围绕第2个中枢的波动1触及了围绕第1个中枢的波动区间，形成走势中枢的扩展。

（2）在图4-8的②中，从C至D中，此走势类型含有2个走势中枢，并且这2个走势中枢是同级别的。但是第1个中枢产生以后，围绕第2个中枢的波动2触及了围绕第1个中枢的波动区间，形成走势中枢的扩展。

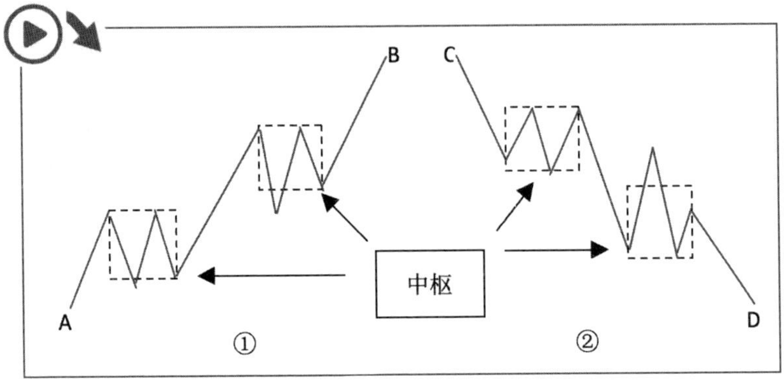

图4-8　走势中枢的扩展

下面以图4-9所示的柳工日K线图为例进行分析。

图4-9　柳工日K线图

操作提示1：从缠论中枢形态的完成情况看，虽然在A处已经形成中枢，但在B处又出现了中枢形态，股价波动频率较高，B处中枢的波动触及了A处中枢的波动区间。

操作提示 2：观察图 4-9 可得知，在该股走势中出现了两处走势中枢，分别为 A 处和 B 处；从价格走势来看，在中枢 A 处和中枢 B 处出现了价格波动，尤其是在中枢 B 处股价波动的频率要更高一些，此时的交易机会也较多；同时，仔细观察 RSI，可发现其在 C 处到达最高点。

4.3.4 走势终完美

关于"走势终完美"这句话，在缠论中有很多的介绍。

根据缠论解释的"走势终完美"，整理出其意思：一方面，任何走势，无论是趋势还是盘整，在图形上最终都要完成；另一方面，一旦某种类型的走势完成，就会转化为其他类型的走势。

下面分析"走势终完美"的含义。

缠中说禅技术分析的基本原理：任何级别的任何走势类型终要完成，也就是说，无论是上涨走势、下跌走势，还是盘整走势，都会结束。

站在趋势的角度来看，形成 2 个依次同向的走势中枢之后，任何趋势都可以随时结束并且保持完美，也可以不断地延伸下去，形成更多的中枢。

形态解析

（1）如图 4-10 所示，走势中枢 A 和走势中枢 B 形成以后，上涨走势随时都可以结束，也会呈现完美的状态，但是也可以继续延伸，进而形成同向的走势中枢 C。

（2）"走势终完美"就如同"盘整"，因为形成了 3 个重叠的连续次级别的走势之

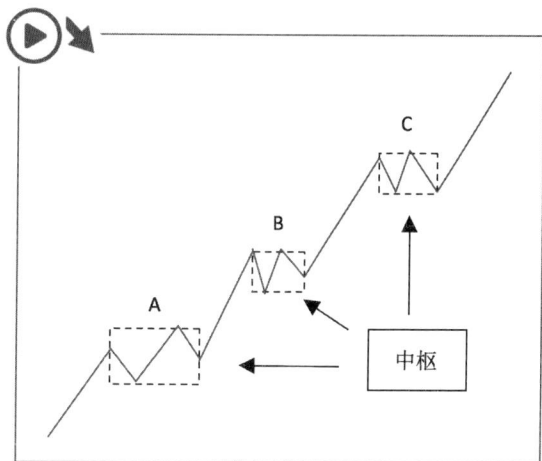

图4-10 走势终完美（1）

后，盘整随时都可以结束，实现完美走势，但是盘整也可以不结束，不断地围绕中枢延伸。

形态解析

（1）如图4-11所示，走势中枢A形成之后，无论盘整何时结束都堪称完美，但是盘整也可以不结束，不断地向后延伸。

（2）要判断K线图中的"走势类型"是否结束，首先需要弄清楚"走势类型"的延伸是否是同级别的、同向的，"走势中枢"是否在不断地延伸。

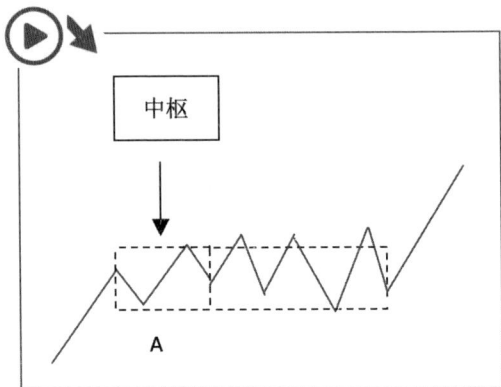

图4-11　走势终完美（2）

下面以图4-12所示的 *ST丹科B日K线图为例进行分析。

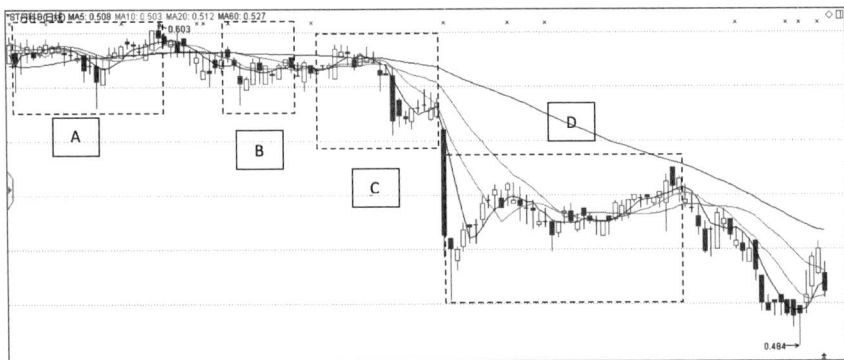

图4-12　*ST丹科B日K线图

操作提示1：如图4-12所示，走势中枢A和走势中枢B形成以后，这两个同向的中枢可以结束，形成"走势终完美"的形态；但是也可以继续延伸，形成更多的中枢，如走势中枢C和走势中枢D。

操作提示2：不只是图4-12中形成的"走势终完美"的形态，在任何股市中形成的"走势终完美"的形态都体现了股市的基本规律；同时，"走势终完美"的意义是帮助持股者通过判断某一走势类型结束的可能或必然信号，得出相应的对策。

4.4 / 走势类型的形态

走势类型主要有3种，但是这3种也可组合成其他类型，这里介绍最常见的三大走势类型及其连接方式。

4.4.1 走势类型的种类

前文对相关概念进行界定时，谈及了走势的三大类型，即上涨、盘整和下跌，如图4-13所示。

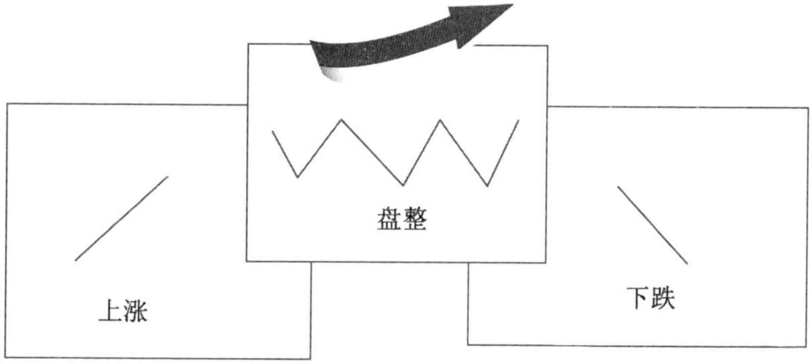

图4-13 走势的类型

4.4.2 走势类型的连接方式

走势的3种类型可构成最常见的3种连接方式：V形式、反转式、中继式。

缠中说禅
教你轻松炒股票（第2版）

1.V 形式

形态解析

（1）图 4-14 中的 ① 为 V 形式中的"上涨 + 下跌"形态。

（2）图 4-14 中的 ② 为 V 形式中的"下跌 + 上涨"形态。

2.反转式

形态解析

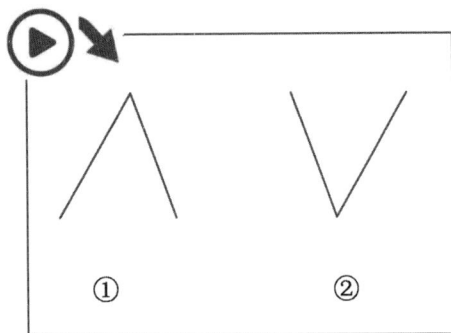

图4-14　V形式

（1）图 4-15 中的 ① 为反转式中的"上涨 + 盘整 + 下跌"形态。其中虚线方框中的部分为盘整形态。

（2）图 4-15 中的 ② 为反转式中的"下跌 + 盘整 + 上涨"形态。其中虚线方框中的部分为盘整形态。

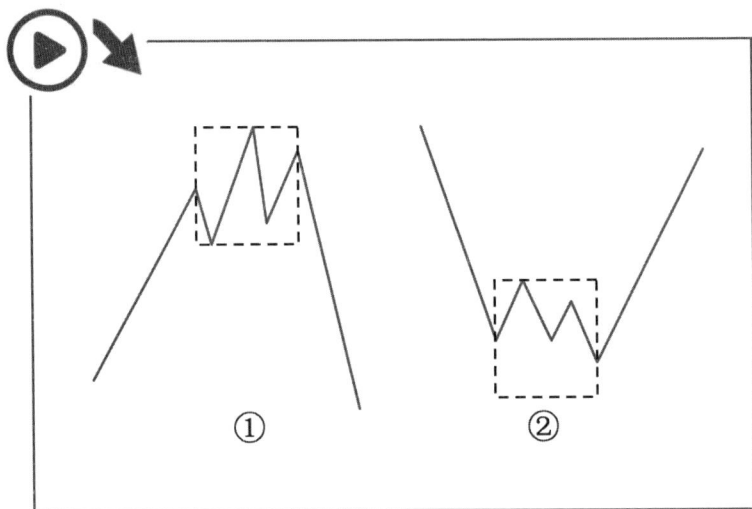

图4-15　反转式

3. 中继式

形态解析

（1）图 4-16 中的 ① 为中继式中的"上涨＋盘整＋上涨"形态。其中虚线方框中的部分为盘整形态。

（2）图 4-16 中的 ② 为中继式中的"下跌＋盘整＋下跌"形态。其中虚线方框中的部分为盘整形态。

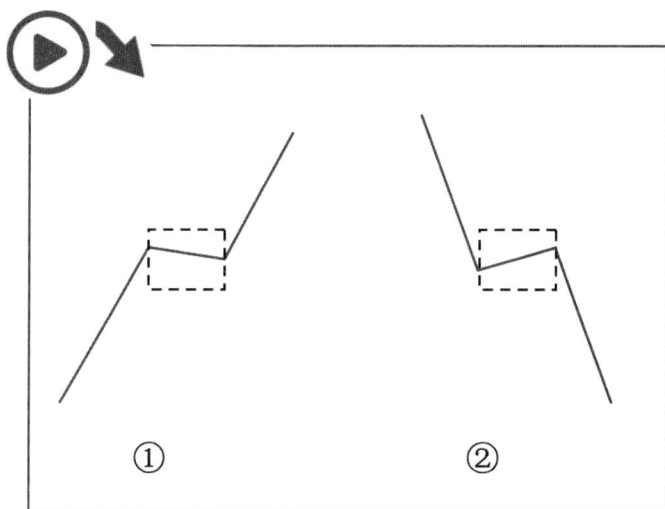

图4-16　中继式

缠论中还提到了"盘整＋盘整"的连接方式。但在具体的股市分析中，持股者要明白，在某一 K 线图中，若能将股市走势分解成"盘整＋盘整＋盘整"的连接方式，就预示着后期必定会形成高级别的中枢。

4.4.3　走势类型延伸

在判断"走势类型延伸"是否结束时，需要先了解走势、走势类型、趋势三者之间的区别。关于它们三者之间的区别和联系，缠论中给出了解释。

走势：打开股票交易软件走势图看到的就是走势，走势分为不同级别。

走势类型：上涨、下跌、盘整。

趋势：上涨、下跌。

——缠中说禅教你炒股票18课

走势中枢与"走势类型延伸"结束与否有着密切的关联。

如何判别"走势类型延伸"是否结束？首先必须弄清楚"走势类型延伸"的实质是什么。对于趋势来说，其"延伸"就在于同级别的、同向的"走势中枢"不断产生；而对于盘整来说，其"延伸"就在于不能产生新的"走势中枢"。由于"走势类型延伸"意味着当下的"走势类型"随时可以完成，相应的"类型"必然也是确定的，因此判断"走势类型延伸"是否结束的关键就在于是否有新的"走势中枢"产生。

——缠中说禅教你炒股票18课

如缠论所述，判断"走势类型延伸"是否结束的关键就在于是否有新的"走势中枢"产生。

此外，由于趋势至少包含两个"走势中枢"，而盘整只有一个走势中枢，因此判别趋势与盘整的关键也就在于是否有新的"走势中枢"产生。

——缠中说禅教你炒股票18课

第5章
缠论实战之级别法则

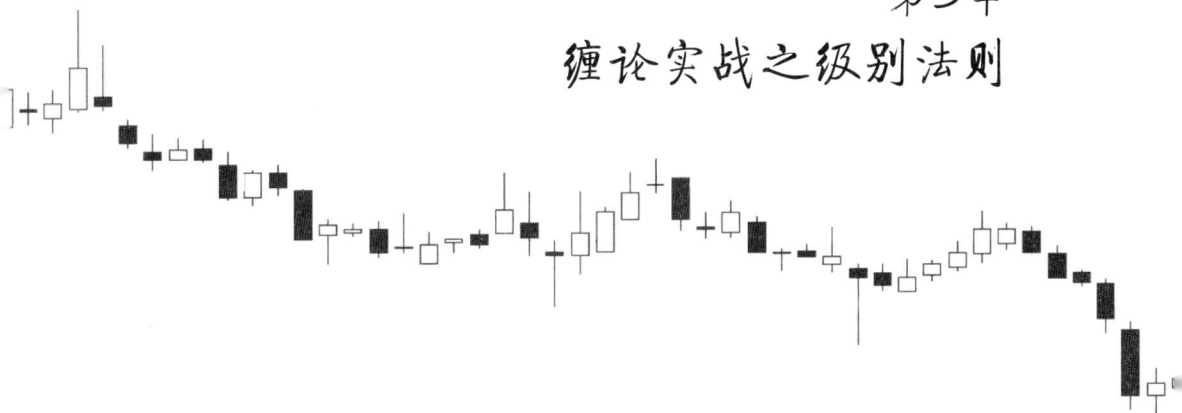

本 / 章 / 导 / 读

关于级别，缠师在缠论中已经阐述过多次，他曾在"94课：当机立断"中说，"学了缠师的理论，脑子里必须时刻有两个字：级别"。

同时，在"102课：再说走势完美"中缠师曾说，"级别在缠论中就极端关键了。为什么？因为缠论的递归函数是有级别的，是级别依次升高的。所以，不明白级别，就根本不明白缠师的理论"。这说明缠论的内容与级别是密不可分的，级别是利用缠论分析股市时的重要概念。

5.1 / 级别的概述

缠论中的级别是分析股市行情的重要方法。周 K 线为一类级别，日 K 线为二类级别，60 分钟 K 线、30 分钟 K 线等为三类级别。

应用级别分析行情时，应选取相邻的 3 个级别，用"三级别联立"的方法进行分析与操作，即在一类级别中做波段，在二类级别中做趋势，在三类级别中验证二类级别的买卖点。

本节主要介绍级别的定义、作用，以及如何选择级别。

根据级别的定义能够分析出级别的作用。在用级别进行实际操作时，要先选择最低级别的走势类型，然后根据中枢延伸和中枢扩展定义和总结出更高级别的走势类型。

为便于分析，将 1 分钟 K 线、5 分钟 K 线等股市走势类型作为最低级别，通过分析低级别的走势类型得出更大级别的走势类型。

1. 同一时期，不同级别的走势类型不尽相同

比较青岛双星 5 分钟 K 线图、日 K 线图以及周 K 线图的走势，如图 5-1 至图 5-3 所示。

❯❯ 形态解析

如图 5-1 所示，从 K 线形态特征来看，股价在达到最高点 7.35 元后开始下跌，虽然在下跌过程中出现过几次波动，但是从总体上来看，股价呈现下跌状态。

图5-1　青岛双星5分钟K线图

形态解析

如图 5-2 所示，从 K 线形态特征来看，股价在出现第 1 波上涨之后，开始了图中虚线方框中的盘整。盘整结束后，又开始了大幅度上涨，同时股价到达了最高点 9.37 元。

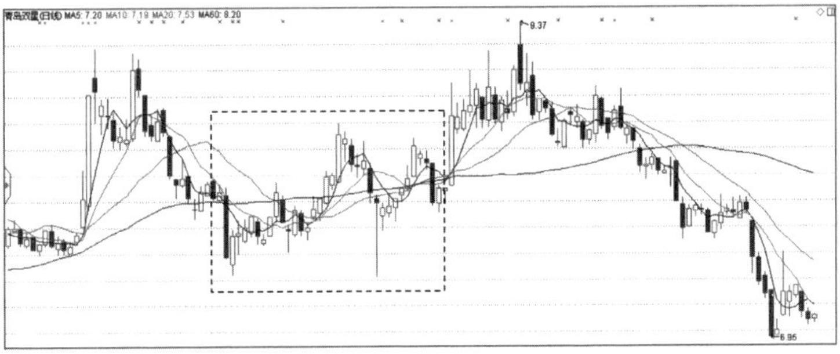

图5-2　青岛双星日K线图

形态解析

（1）如图 5-3 所示，从 K 线形态特征来看，青岛双星周 K 线图中的股价走势在经历了 5 分钟 K 线图的下跌趋势、日 K 线图的盘整趋势后，出现了第 1 波上涨，股价达到了 3 个 K 线图中的最高点 18.08 元。但随即呈现下跌趋势，下跌过后形成了虚线方框中的盘整，但力度始终不够大，周 K 线图整体呈现先上涨后下跌的状态。

（2）从青岛双星5分钟K线图、日K线图以及周K线图中的走势类型来看，不同级别的走势类型不太一致。这表明了没有级别，就没有相应的走势类型；没有对走势类型的进一步判断，就无法进行下一步的实际操作。

图5-3　青岛双星周K线图

2. 利用级别，选择适合自己的操作周期

级别不同，对应的操作周期也不同。下面以*ST佳电的日K线图与月K线图为例进行对比分析，如图5-4和图5-5所示。

形态解析

如图5-4所示，从K线形态特征来看，*ST佳电日K线图的走势类型中的盘整对应的操作周期是8周。

图5-4　*ST佳电日K线图

形态解析

（1）如图 5-5 所示，从 K 线形态特征来看，*ST 佳电月 K 线图的走势类型中的盘整对应的操作周期是 5 年半。

（2）持股者应根据自身投入的资金量、看盘时间、对波动空间的承受能力和操作技术水平选择操作周期，即每个人应根据个人情况选择合适的操作级别。

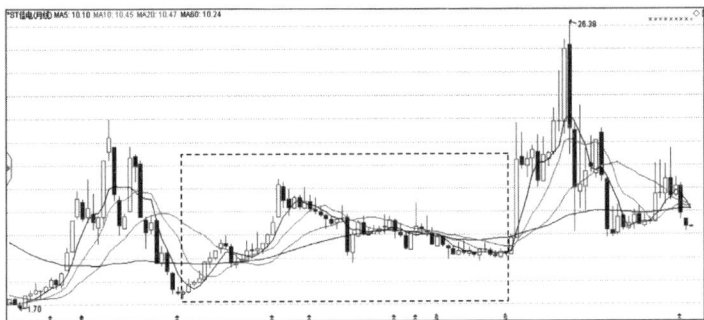

图5-5　*ST佳电月K线图

3. 级别与走势的波动范围相关

级别与走势的波动范围相关，大级别与小级别的波动范围有各自的特点。

下面以华锦股份的周 K 线图与 5 分钟 K 线图为例进行分析。

形态解析

如图 5-6 所示，华锦股份周 K 线图的级别高于 5 分钟 K 线图，波动范围较大。

图5-6　华锦股份周K线图

形态解析

（1）如图5-7所示，华锦股份5分钟K线图的级别低于周K线图，波动范围较小。

（2）持股者可根据所选级别的波动范围，进一步决定自己的资金或筹码的安排。一般原则是：大级别上做大势，小级别上做小势。

图5-7　华锦股份5分钟K线图

5.2/ 级别的分类

在大概介绍了级别之后，缠论中对级别进行了分类，级别的分类对于实际操作也有非常重要的意义。对于走势类型为上涨的股市行情，应看多做多；对于走势类型为下跌的股市行情，应看空做空；对于走势类型为盘整的股市行情，应非多非空或高抛低吸，甚至不进行任何操作。

在实际的股市操作中，要分清楚不同种类的级别。

5.2.1　一类级别

一类级别即缠论K线分析技术中的周K线，也就是在周K线上进行波段操作。

周 K 线作为一类级别能够反映股市中最稳定的趋势, 在股票市场中, 绝大多数市场操作都无法改变这个级别的趋势。同时, 顺应这个级别进行操作是获取利润的基础。

下面以图 5-8 所示的华控赛格周 K 线图为例进行分析。

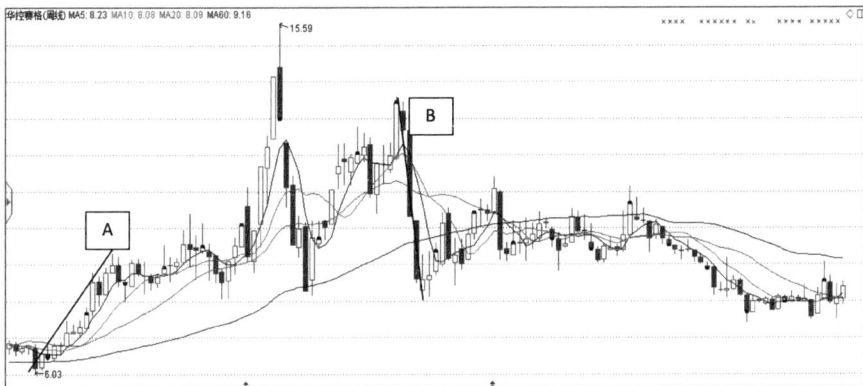

图5-8　华控赛格周K线图

操作提示: 如图 5-8 所示, 以 A 处的上涨趋势为例, 如果一类级别的走势类型是上涨, 则持股者可买入, 在波段或趋势结束时平仓。

下面以图 5-9 所示的步森股份周 K 线图为例进行分析。

图5-9　步森股份周K线图

操作提示1：图5-9所示为一类级别，当遇到图5-9中的虚线方框的盘整时，操作者应在此走势类型区间的下方买入，高位时平多做空，直到走势结束。

操作提示2：不仅要在周K线图中的盘整走势类型中按照此方法操作，在周K线图中的中枢震荡时，也应该按照此方法操作。

5.2.2　二类级别

二类级别即日K线，也就是在日K线上做趋势。

缠论中也说过日K线级别的买卖量更多。

级别的意义其实只有一个，基本只和买卖量有关。日线级别的买卖量当然比1分钟级别的多得多。

——缠中说禅教你炒股票26课

一般来说，1分钟、5分钟、30分钟这3个级别的K线分解，就足以应付所有的走势。当然，对于较多的资金，可以考虑加上日线级别的K线分解。

——缠中说禅教你炒股票26课

在二类级别上做波动操作，有以下几大特点。

（1）日线级别可构成周线级别，便于分析。

①周K线级别的中枢是由3个次级别走势类型重叠形成的，所以其是由日K线级别走势类型重叠形成。

②周K线级别的走势类型中有一个周K线中枢时，该走势类型为盘整。周K线级别的走势类型中包含至少两个中枢时，该走势类型为趋势。

③由上述两点可知，想要分析周K线级别中的走势类型，就必须先分析日K线级别中的走势类型。

因为股市中大级别走势类型往往因次级别走势类型的突破而发生改变，所以用日K线作为二类级别是非常必要的。

（2）日 K 线级别的趋势更容易被大多数持股者运用。

以日 K 线作为观察单位是最为合适的分析方式。正如缠论中所提到的：一般来说，1 分钟、5 分钟、30 分钟 3 个级别的 K 线分解，就足以应付所有的走势；当然，对于较多的资金，可以考虑加上日线级别的 K 线分解。

① 日 K 线不会像小时 K 线或分钟 K 线那样频繁地波动，多数时候持股者可耐心观察走势变化，等待最佳时机。

② 普通投资者的反应速度和对理论的掌握往往有限，因此短期操作出错的概率要比长期操作出错的概率高。为了避免操作出错造成的损失，普通投资者可选日 K 线作为观察单位。

③ 由上述两点可知，用日 K 线级别交易，交易者可以深思熟虑，进而制定出最合适的操作策略。

5.2.3 三类级别

一类级别是周 K 线，二类级别是日 K 线，那么依此类推，三类级别就为日 K 线级别以下的某个级别，如 60 分钟 K 线、30 分钟 K 线、15 分钟 K 线等。

① 三类级别最能够在 K 线图中显示出当前走势的规律性。

② 二类级别的走势越强势、越明显，越应该观察像三类级别这样的小级别的走势。

③ 三类级别对于初学者或普通投资者来说，最为简单明了。

股票市场是不断变化的，运用三类级别寻找其规律，是投资者普遍使用的方法。

5.3 / 如何选择操作级别

如何选择操作级别是本章的重点。就如同学开车，学习理论知识固然重要，但是实际上路驾驶才是更重要的。

5.3.1 如何选择级别

缠论中也说明了选对级别对分析股市情况非常重要。

走势是客观的，而用什么级别来分析这个走势却是主观的。根据各种不同的情况，相应地定好自己的操作级别，这样就可以按照相应的级别来进行分析、操作。也就是说，一旦该级别出现买卖点，就必须进入或退出。在你的操作级别上，你是不参与任何调整或下跌走势类型的。

——缠中说禅教你炒股票35课

那么持股者如何选择操作级别呢？

首先，投资者应该选择和自己知识及技术水平相符的操作级别。

若想要分析股市行情的基本面情况，应选择周 K 线，但是股市中很多的投资者都选择了日 K 线。

下面以图 5-10 和图 5-11 所示的天健集团日 K 线图和周 K 线图为例进行分析。

图5-10　天健集团日K线图

图5-11　天健集团周K线图

操作提示：如图5-10和图5-11所示，周K线图反映的是股市中较稳定的趋势，浓缩了数个日K线图的走势；持股者在选择操作级别时，若想分析股票的长期走势，可选择周K线图，同时，顺应周K线图进行操作是获取利润的基础。

其次，要根据股票的各级别走势类型确定操作周期。

在股市交易中，如果大级别的走势好，就要进行大级别操作。但是，当大级别走势不好，只在小级别出现了明确的趋势时，投资者如果依然进行大级别操作，就很容易遭受损失。具体操作如图5-12所示。

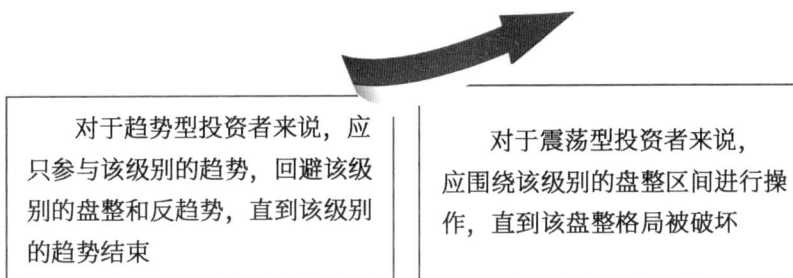

| 对于趋势型投资者来说，应只参与该级别的趋势，回避该级别的盘整和反趋势，直到该级别的趋势结束 | 对于震荡型投资者来说，应围绕该级别的盘整区间进行操作，直到该盘整格局被破坏 |

图5-12　趋势型投资者和震荡型投资者的操作

最后，要根据走势的变化而更换级别。

为什么这么说？因为投资者一旦选定了操作级别，但是在某操作级别的走势类型中出现了该级别类型的延伸或结束，就会出现引发更大级别的走势类型的情况。此时投资者应该把握好机会，一旦大级别的趋势变得有利，就可更换级别，以获取更多的收益。

下面以图5-13所示的步森股份周K线图为例进行分析。

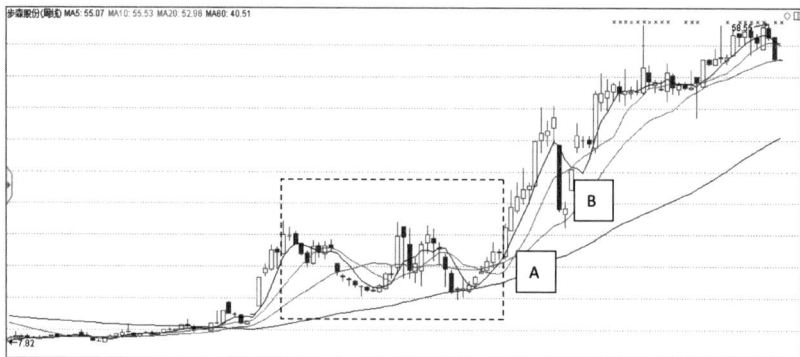

图5-13　步森股份周K线图

操作提示1：如图5-13所示，在A处进入，预计下一波段会上涨；当走势走到B处时股价下跌，可见走势破坏了前期的盘整（图中虚线方框），遇到此类特殊情况，持股者可持股观望，若有上涨的趋势便可不退出，等上涨结束之后再考虑退出。

操作提示2：周K线图能反映股市的稳定趋势，适合长期投资者使用。

5.3.2　操作级别注意事项

选择好适合自己的操作级别之后，投资者在实际操作时，按照缠论中的内容，应注意以下3点。

1. 用操作降低成本

选定了相应级别后，是否按照次级别以下进行部分操作，这是操作风格问题，而实际上是应该安排这种操作的。

——缠中说禅教你炒股票35课

2. 级别与买卖点

如果资金量不是特别大，那就要熟知缠中说禅短差程序：在大级别买点进入的，在次级别第一类卖点出现时可以先减仓，其后在次级别第一类买点出现时回补。

——缠中说禅教你炒股票14课

选择级别，抓住买卖点，在适当的时机买进或卖出来获取利润是投资者的目的。关于买卖点的选择，在第 7 章中再详细介绍。

3. 遵守级别的分解节奏与波动

在这种同级别分解的多重复操作中，投资者可以在任何级别上进行操作，而且都应遵守该级别的分解节奏与波动，只是在不同级别中投入的筹码与资金不同而已。

——缠中说禅教你炒股票40课

遵守级别的分解节奏与波动是级别操作的一个特点。

本 / 章 / 导 / 读

　　根据缠论，股票价格的双向转折波动可由背驰形态确定，也就是说，转折必然是由背驰形态引起的；而转折意味着买卖点出现，这也表明背驰形态跟买卖点关联密切。如果上升趋势中出现背驰形态，则意味着上涨动力不足，多头趋势将转为空头趋势，卖点出现，应高位卖出减仓或空仓；如果下降趋势中出现背驰形态，则意味着下跌动力不足，宜看多，可低点建仓，以最少的资金获得最多的筹码，使利益最大化。

　　背驰形态是缠论动力学中的重要内容，分析背驰形态是判断市场分界点的基本手段，背驰形态的出现意味着至少有同级别或大级别转折出现。所以在实战中，确定进入的级别后，该级别的背驰终点就是缠论中的买卖点。而在缠论中，有三类买卖点是安全的，除此之外的买卖点都是不安全的、风险较高的。

　　由缠论形态学来确定背驰，根据趋势来判断背驰。毕竟没有趋势，就没有背驰。有趋势就可以判断背驰，背驰出现，则买卖点出现，而掌握买卖点是我们学习缠论的主要目的，也是实战成功的关键。

6.1 / 背驰的概念及形态

6.1.1 背驰的概念

背驰是缠论动力学中的内容，有了背驰就会出现转折，出现了转折则预示着将会出现买卖点，由此可见背驰对于投资的重要性。

在某级别趋势中，如果形成最后一个本级别中枢的第三类买卖点后，趋势的力度比形成该中枢之前的次级别连接趋势的力度弱，则背驰出现。

背驰在缠论体系中是较为晦涩难懂的部分，属于缠论中的动力学。形态学和动力学是缠论的两大组成部分，其中形态学是根本，动力学是辅助，如图 6-1 所示。掌握形态学，就可利用其知识建立起一套切实可行的操作系统。但在实战中，最重要的是掌握买卖点。由于形态学中无背驰的概念，因此利用形态学无法抓住第一类买卖点，而缠论中的所有买卖点都可归于某级别的第一类买卖点。换言之，第一类买卖点是转折的开始，因而与第二类、第三类买卖点相比，其收益空间更大。

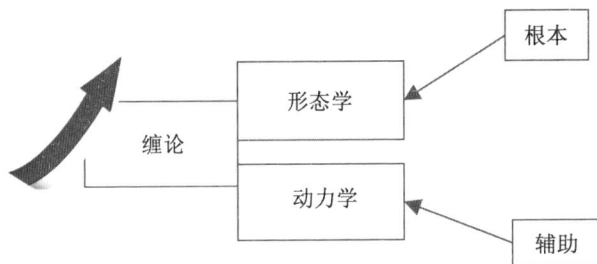

图6-1 缠论的两大组成部分

背驰会引起转折，形成第一类买卖点，而第二类、第三类买卖点通常是由第一类买卖点引起的。掌握背驰形态，有利于提高我们的投资水平，也是将缠论用于实战的关键。

缠论中提到：在某级别的盘整中，或者说在围绕某级别中枢的震荡、延续中，不存在转折的问题，除非是在次级别图形中，才会有转折问题。上涨的转折有两种情况：下跌与盘整。下跌的转折也有两种情况：上涨与盘整。

由此，缠论中对背驰的转折定理进行了阐述。

缠中说禅背驰的转折定理：某级别趋势的背驰将导致该趋势最后一个中枢的级别扩展、该级别更大级别的盘整或该级别以上级别的反趋势。这是一个十分重要的定理，这个定理说明某级别的背驰必然导致该级别原走势类型的终止，进而开始该级别或以上级别的另外一个走势类型。

——缠中说禅教你炒股票29课

缠论提出的这一说法，就是说没有对比，就不能形成背驰，因为背驰是相对于趋势而言的，所以缠论提出了背驰的转折定理。

6.1.2 背驰的形态

背驰是在趋势力度衰竭后产生的，因此会产生转折，而转折意味着买卖点出现，此刻是减仓或建仓的时机。衰竭是通过对比来体现的，比如前后趋势的力度、成交量、结构、形态等，如果前后没有差别，则不会出现背驰。

"没有趋势，没有背驰"，没有前后趋势的对比，也就无法体现出趋势力度的衰竭，更别提背驰了。

换句话说，如果你看到某级别的背驰，那必然意味着会出现逆转，但这并不意味着逆转会一直持续。例如，在日K线出现向上的背驰时制造了一个卖点，回跌后，在5分钟K线或30分钟K线出现向下的背驰时制造了一个买点，然后由这个买点开始，股价重新上涨，甚至创新高，这是很正常的情况。

若两个相邻的同向趋势之间，后者的趋势力度比前者弱，则此时背驰出现。趋势分为上涨趋势和下跌趋势，因此在判断背驰时也应分趋势而论，但对于一段趋势而言，只有一次背驰。

1. 上涨趋势背驰

在上涨趋势中，股价单边上涨空间巨大，尤其是在上涨动力充足时，股价拉升很快，短时间内涨幅可远超预期。不过能量再充沛，也有用完的时候。出现调整中枢后股价持续上涨，但此时上涨动力衰竭，进度减慢，涨幅收窄，空方力量逐渐占据上风，背驰出现，多头趋势将转为空头趋势，股价回落下跌。

在图 6-2 的 ① 中，C 的趋势力度比 A 的趋势力度弱了很多，因此出现背驰；在 ② 中，C 的趋势力度明显比 A 的趋势力度要强得多，没有出现背驰。

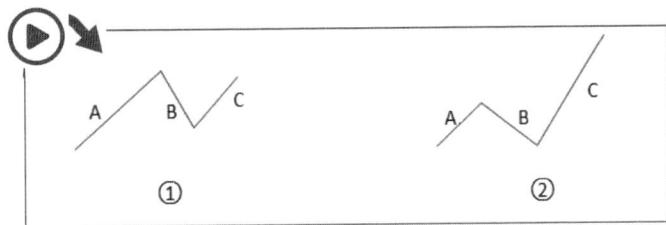

图6-2　上涨趋势背驰

下面以图 6-3 所示的圣阳股份日 K 线图为例进行分析。

图6-3　圣阳股份日K线图

操作提示 1：如图 6-3 所示，股价呈单边上升趋势，力度较强，在 A 处出现技术性回调，形成调整中枢，但无法阻挡增大的成交量，整体仍为上涨趋势；出现调整中枢后，股价涨幅变小，在 B 处股价见顶后，多头趋势转为空头趋势，此处为理想的卖点，投资者应高位卖出，落袋为安。

操作提示2：中枢是构成背驰的必要条件，可以看到在A处之后，股价的双向波动较小，涨跌频次增多，但整体仍在中枢的范围内，因此判断虚线方框处为调整中枢；此时投资者应持续关注股价走势，由于其并未出现明显的反转形态，因此应持股观望，待走出中枢后再根据其走势做出判断。

操作提示3：调整中枢出现后，股价的上涨趋势的力度明显减弱，B处涨幅变小，成交量逐渐萎缩，这意味着股价难以维持上升趋势，而B处的趋势力度明显比A处的趋势力度弱，背驰形态出现，股价即将见顶回落，此时投资者应减仓。

操作总结：不少投资者都喜爱"追涨杀跌"，在股价呈单边上升趋势时，我们很难下定决心不去"追涨"，因而常常会在高位被套牢，而背驰的出现，可以为我们提供理想的卖点；背驰意味着转折，因此当我们通过力度、结构等对比，发现将出现背驰形态时，应早做打算，早日在高位卖出，以免被套。

2. 下跌趋势背驰

在下跌趋势中，股价单边下跌空间巨大，尤其是在空方力量占据优势时，股价回落速度较快，短时间内跌幅可远超预期。出现调整中枢后股价持续下跌，但此时下跌动力衰竭，进度减慢，跌幅收窄，多方力量逐渐占据上风，背驰出现，空头趋势将转为多头趋势，股价反弹上涨。

在图6-4的①中，C的趋势力度明显比A的趋势力度弱，形成背驰；在②中，C的趋势力度明显比A的趋势力度强，没有形成背驰。

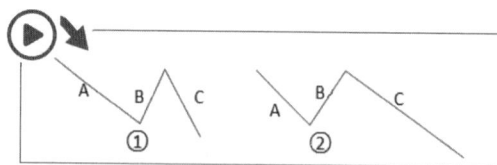

图6-4 下跌趋势背驰

下面以图 6-5 所示的龙力生物日 K 线图为例进行分析。

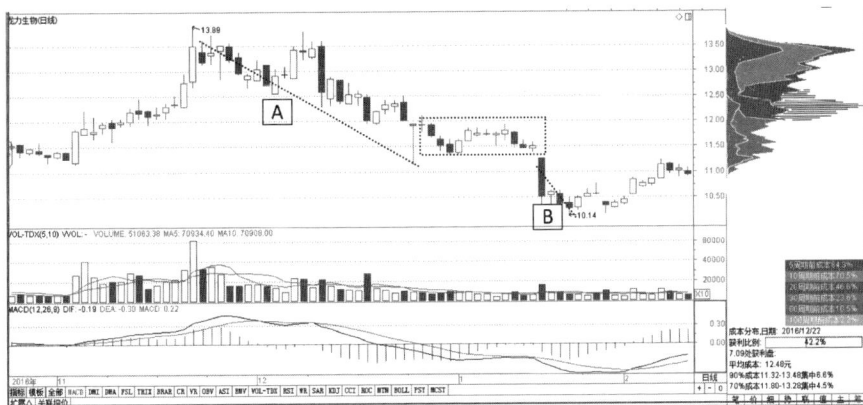

图6-5　龙力生物日K线图

操作提示 1：如图 6-5 所示，股价呈单边下跌趋势，力度较强，在 A 处出现技术性反弹，形成调整中枢，但无法扭转下跌走势；出现调整中枢后，股价跌幅变小，在 B 处股价见底后，多头彻底占据优势，此处为理想的买点，投资者应低位建仓，用较少的资金获得更多的筹码。

操作提示 2：中枢是构成背驰的必要条件，可以看到在 A 处之后，股价双向波动较小，涨跌频次增多，但整体仍在中枢的范围内，因此判断虚线方框处为调整中枢。此时投资者应持续关注股价走势，由于其并未出现明显的反转形态，因此应持币观望，待走出中枢后再根据其走势做出判断。

操作提示 3：调整中枢出现后，股价的下跌趋势的力度明显减弱，B 处跌幅缩小，这意味着股价难以维持下跌趋势，而 B 处的趋势力度明显比 A 处的趋势力度弱，背驰形态出现，股价即将见底反弹，此时投资者应建仓。

操作总结：下跌趋势中一旦出现背驰形态，往往意味着最佳买点出现，投资者可重仓持股。掌握背驰的形态等，对掌握交易时机非常重要。

6.2 / 背驰的分类

在 6.1 节中提到过，转折必然是由背驰导致的，因此找出股市走势中的背驰，有助于投资者进一步抓住买卖点。

实际上，背驰就是结构、形态、力度、指标、成交量等方面的综合对比。只有两个及两个以上的对象，才可形成对比，任何单独的对象都是无法形成对比的。

而缠论中的背驰，主要是以走势中枢为中间点，对前后两端的走势的结构、形态、力度、指标、成交量等方面进行对比。

根据走势，背驰分为趋势背驰与盘整背驰。

6.2.1 趋势背驰

趋势与背驰不可分离，正如缠论中强调的"没有趋势，没有背驰"。 缠论中对趋势和背驰的关系也有所说明。

趋势一定有至少两个同级别的中枢。背驰肯定不会出现在第1个中枢之后，肯定至少是出现在第2个中枢之后。对于延伸的趋势来说，很有可能在第100个中枢以后才出现背驰，当然，这种情况一般很少出现。第2个中枢后就出现背驰的情况，占了绝大多数，特别在日K线以上的级别中，几乎达到90%以上。因此，在日K线以上级别的第2个中枢出现后，要密切注意背驰的出现。而在小级别中，比如1分钟K线图，这种情况出现的比例要小一点，但也是占大多数。在第4个、第5个中枢以后才出现背驰的，就相当罕见了。

——缠中说禅教你炒股票27课

6.1 节中讲到的上涨趋势背驰和下跌趋势背驰是背驰的最基本的形态。

形态解析

（1）图 6-6① 中的 C 上涨段明显比 A 上涨段的上涨幅度小，① 就叫作背驰。

（2）② 中 C 上涨段明显比 A 上涨段的上涨幅度大，没有形成背驰。

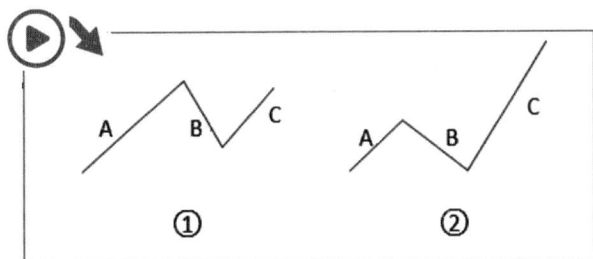

图6-6　背驰的形态

1. 上涨趋势中的背驰

形态解析

（1）如图 6-7 所示，为了便于理解，缠论中引入了"a+A+b+B+c"的表达形式，即 a 连接着中枢 A，中枢 A 连接着 b，在 b 之后又有一个中枢 B，最后中枢 B 连接向上的 c。可以看出 A、B 为趋势中的中枢，并且中枢前后有 3 段次级别的走势。

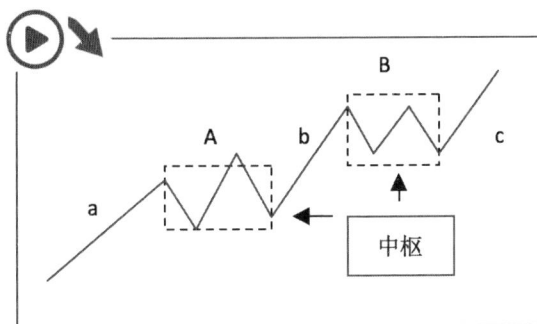

图6-7　上涨趋势中的背驰

（2）图 6-7 所示为上涨趋势，如果在"a+A+b+B+c"中产生背驰，则意味着"a+A+b+B+c"都处于同一个趋势中，a、b、c 为次级别的走势，A 和 B 为同级别的中枢。

（3）对于走势中枢 B 来说，向上离开的力度比向下离开的力度要弱。走势中枢对向上离开或向下离开的趋势，有相同的回拉作用，既然向上离开比向下离开的力度要弱，而向下离开都能被拉回走势中枢，那么向上离开当然也能被拉回走势中枢。"b+B+c"向上的走势就构成了顶背驰。

下面以图6-8所示的中兵红箭日K线图为例进行分析。

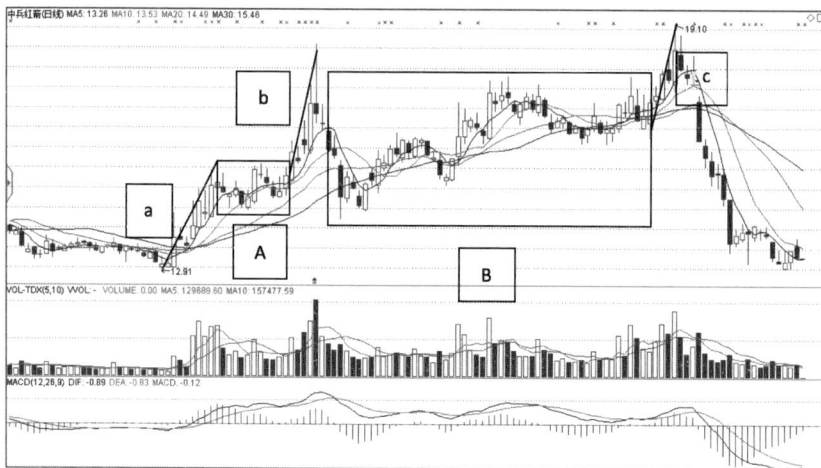

图6-8　中兵红箭日K线图

操作提示1：如图6-8所示，图中将股价走势分成了"a+A+b+B+c"的形态；从K线形态特征来看，股价在第1个中枢处见底，见底之后向上，在B处形成第2个中枢，股价上涨，接着出现第2个中枢B，股价在第2个中枢B之后的c处见顶。

操作提示2：当股价在短时间内扩大涨幅之后，技术性回调走势出现时，就是调整中枢出现的时机。由图6-8可知，调整中枢出现之后，股价上涨的节奏变缓了；同时，在调整中枢出现之后，股价进一步上涨，很有可能出现背驰，此时出现的背驰是股价见顶的信号。在图6-8中，在A处出现了第1个调整中枢，延缓了股价上升的节奏，但是在第2个调整中枢B出现之后，股价见顶，此处是持股者应把握的高位卖点。

操作提示3：在上涨的股市中，若在股价上升期间出现背驰，则提供了绝佳的卖点，尤其是在股价长期处于上升的趋势中时，背驰减缓了上升速度，并且成为股价下跌的重要起点。

操作提示4： 从MACD（异同移动平均线）指标DIF线（快速移动线）和DEA线（慢速移动线）来看，中枢形成以后，由于中枢具有回拉的特性，将DIF线、DEA线拉回至0轴附近，并且向右上方运行，股价不断创出新高。

2. 下跌趋势中的背驰

形态解析

图6-9所示为下跌趋势中的背驰，其走势可以用缠论中的典型形态"a+A+b+B+c"来表达。如果在"a+A+b+B+c"中产生背驰，

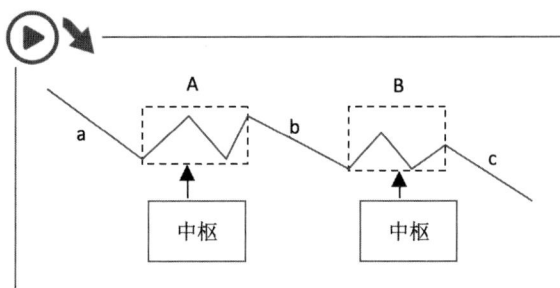

图6-9　下跌趋势中的背驰

则意味着"a+A+b+B+c"都处于同一个趋势中，a、b、c为次级别的走势，A和B为同级别的中枢。

下面以图6-10所示的安泰科技日K线图为例进行分析。

图6-10　安泰科技日K线图

操作提示1：如图6-10所示，图中将股价走势表达为"a+A+b+B+c"形态；从K线形态特征来看，股价在第1个中枢处见顶，见顶之后向下，在B处形成第2个中枢，股价下跌，虽然出现第2个调整中枢B，但是股价仍难以扭转趋势。

操作提示2：从形态来看，股价反弹见顶之后，形成了中枢。中枢形态完成之后，股价进一步回落，背驰形态出现；背驰形态的出现是股价下跌空间收窄的信号，同时也是股价触底上升的信号，从全局来看，股价将持续下跌，根据背驰形态，投资者可在低价处建仓。在图6-10中，背驰形态出现之后，股价下跌见底，在第1个中枢A之后的b段也出现了股价下跌的情况，此处的最低点可作为买点；但是最终在第2个中枢之后的c段中出现了最低价，此处也是股价触底上升的信号，投资者可在c段的最低价处建仓。

操作提示3：从MACD指标DIF线和DEA线来看，中枢形成以后，中枢的回拉特性会将DIF线、DEA线拉回至0轴附近，并且向右下方运行，股价不断创出新低。

由此可以总结出，当"a+A+b+B+c"出现背驰时，"a+A+b+B+c"要是一个趋势。而趋势就意味着A、B是同级别的中枢，a、b、c是围绕A、B的次级别震荡走势。B这个大趋势的中枢会将MACD的黄白线（即DIF线和DEA线）拉回至0轴附近。而c段的走势完成时，对应的MACD的柱线面积比A段对应的面积小（向上的趋势看红色柱线，向下的趋势看绿色柱线），这就构成标准的背驰。技术指标MACD会在6.3节中详细介绍。

同时，c必然是次级别的，c至少包含对B的一个第三类买卖点，否则可以认为c是B中枢的小级别波动。小级别波动构成的就是背驰中的盘整趋势，可以按照盘整的方式进行处理。

如果"a+A+b+B+c"是上涨的，那么c会创出新高；如果"a+A+b+B+c"是下跌的，那么c会创出新低。

由此可总结出趋势背驰的一般情况：第2个中枢后就产生背驰的情况占了

绝大多数，特别是在日K线以上的级别，这种概率就达到90%以上，因此，如果日K线以上级别中出现第2个中枢，那就要密切注意背驰的出现。

6.2.2 盘整背驰

缠论中说，如果走势在第1个中枢后就出现背驰，那就不能认为其是标准意义上的背驰，只能算是盘整背驰。下面介绍盘整背驰的形成、意义及形式。

1. 盘整背驰的形成

如果在第1个中枢后就出现背驰，那不是真正意义上的背驰，只能算是盘整背驰。其真正的技术含义其实就是一个企图脱离中枢的运动，只是由于其力度有限，被阻止而回到中枢里。

——缠中说禅教你炒股票27课

2. 盘整背驰的意义

一般来说，小级别的盘整背驰，意义都不大，而且必须结合其位置来分析。如果是在高位，风险就很大了，往往意味着"刀口舔血"的举动；但如果是在低位，意义就不同了，因为多数的第二类、第三类买点其实都是由盘整背驰形成的，而第一类买点多数是由趋势背驰形成的。

一般来说，第二类、第三类买点都会有3段的走势，第3段往往都会突破第1段的极限位置，从而形成盘整背驰。注意，这里是把第1段、第3段看成2个走势类型之间的比较，这和趋势背驰里的情况不同，这2个走势类型是否是趋势，问题都不大，2个盘整在盘整背驰中也是可以比较力度的。

盘整背驰在分析大级别上十分有效，特别是周线级别以上的，这种盘整背驰体现的往往是历史性的大底部。

——缠中说禅教你炒股票27课

正如缠论中定义的，盘整背驰对于分析买点有着重要作用。

3. 盘整背驰的形态

了解盘整背驰的意义之后，下面来介绍盘整背驰的形态。

形态解析

（1）如图6-11所示，①中有发生在一个上涨走势中的顶背驰，在第2个中枢之上；②中有发生在盘整走势中的盘整背驰，在第1个中枢之上。

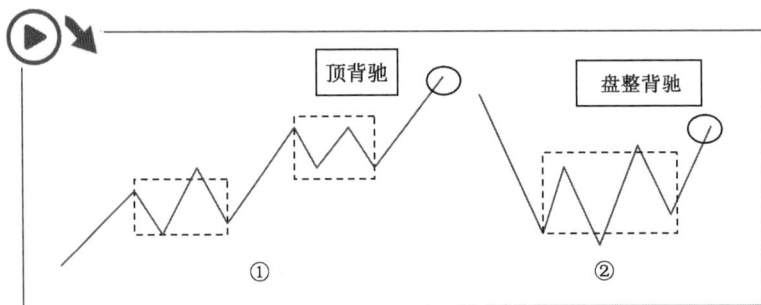

图6-11　盘整背驰（1）

（2）顶背驰是指最后这个中枢，向上离开的力度比向下离开的力度要弱，就构成顶背驰。顶背驰发生在趋势中，而盘整背驰发生在盘整中。但是站在中枢的角度，顶背驰与盘整背驰的本质一样，只是力度、级别以及中枢出现的位置不同。

（3）从买卖点来看，大多数的第二类买点以及第三类买点都是由盘整形成的，而第一类买点大多数是由背驰形成的。

下面以图6-12所示的南宁糖业周K线图为例进行分析。

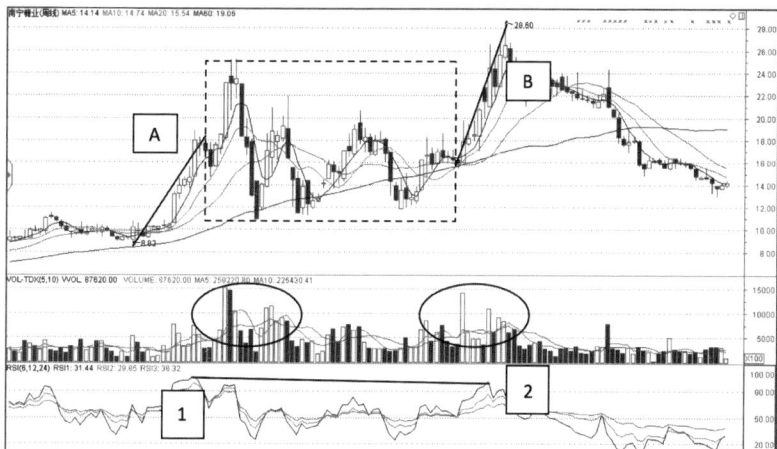

图6-12 南宁糖业周K线图

操作提示1：如图6-12所示，从周K线形态特征来看，在股价震动上升的时期，出现了虚线方框中的调整中枢；此调整中枢是股价首次大幅上升之后形成的中枢状态，此后股价呈现进一步上涨的状态。

操作提示2：从背驰形态的完成状况来看，A处股价上涨时期的走势的力度大于调整中枢形成后的再次上涨的B处，可断定B处为盘整背驰形态，股价难以突破，会出现高位反转走势。

操作提示3：从成交量的表现情况来看，图6-12中两个椭圆处的成交量相对较大，但是左边椭圆处的成交量稍微大于右边；右边椭圆处的成交量虽然也高，但是整体萎缩，这就预示着股价无法继续上涨到更高位置。

操作提示4：根据RSI从1处背离回落到2处的情况判断，高抛时机已经出现；从股价上看，背驰形成后，股价从28.60元开始下降，持股者要把握这次卖出机会。

操作提示5：针对盘整背驰，以上涨为例，持股者可以在背驰点先观望或减仓；在之后的向下段，通过次级别背驰来判断其结束点，如果形成第三类买点，则再进入，如果跌回中枢内，则按中枢震荡进行操作。

形态解析

（1）如图6-13所示，①中的底背驰出现在下跌走势中，位于第2个中枢之下；②中的盘整背驰出现在盘整走势中，位于第1个中枢之下。

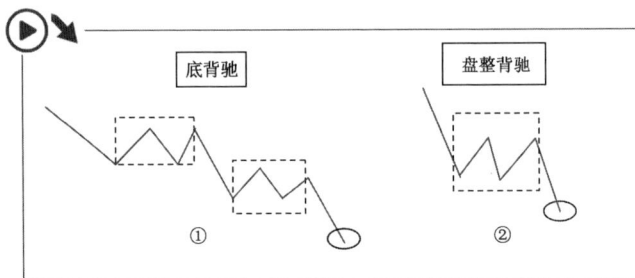

图6-13　盘整背驰（2）

（2）关于盘整背驰的操作价值，一般从3个方面来衡量。首先是级别的大小，太小的级别，其操作意义有限。其次是中枢区间的大小，中枢区间太小，也不会有太大的操作意义。最后是中枢的位置，若是发生在下跌趋势中的最后一个中枢的盘整背驰，就很可能形成第二类买点和第三类买点；若是发生在上涨趋势中的最后一个中枢的盘整背驰，也很可能形成第二类卖点和第三类卖点。

下面以图6-14所示的中联重科日K线图为例进行分析。

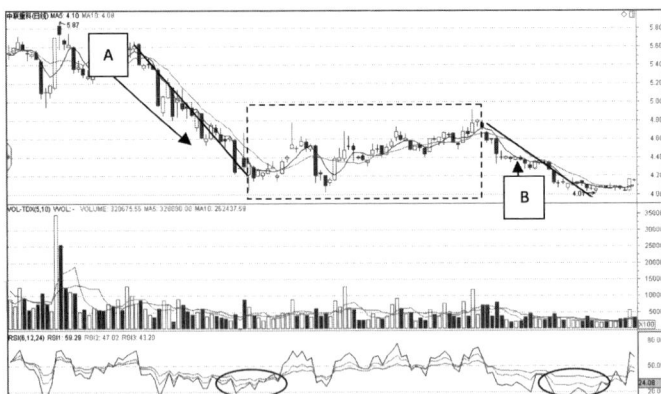

图6-14　中联重科日K线图

操作提示 1：如图 6-14 所示，从日 K 线形态特征来看，股价在线段 A 的最高点处见顶，在线段 A 的形成过程中呈下降状态，并且下降速度较快，形成图中虚线方框处的调整中枢的状态，可判断其为背驰形态，此时是股价较低的时期，投资者可把握时机建仓。

操作提示 2：从成交量来看，在图 6-14 中调整中枢形成过程中，下方对应的成交量放大，改变了股价的下跌趋势，这是盘整背驰转变为股价上升的重要信号。在成交量持续放大的情况下，多方买入增多，股价难以继续下跌，因此会呈现触底上升的走势。

操作提示 3：从 RSI 来看，在图 6-14 中椭圆处已经出现了触底上升的状态，这是 RSI 与股价底背离的信号，提示投资者股价已触底，应在低位把握好建仓的机会。

缠论中对于盘整形成的买点进行了补充说明：第一类买点肯定是由趋势背驰形成的，而盘整背驰形成的买点，在小级别中意义不大，所以以前也没专门将其视为一种买点；但在大级别里，盘整背驰也会形成一种类似第一类买点的买点，因为在大级别里，往往不会形成明显的趋势，站在最大的级别里看，所有形态都只有一个中枢，因此，站在大级别里，绝大多数的走势其实都是盘整，这时候就要用到这个因为盘整背驰而形成的类似第一类买点的买点了。而所谓的大级别，至少应该是周 K 线以上的级别。

6.3 / 技术指标背驰

在缠论中，判断背驰时，引用了 MACD 这一技术指标。

用 MACD 指标来判断背驰，首先要有两段同向的趋势。同向的趋势之间一定有一个盘整或反向趋势来进行连接，这 3 段趋势分别称为 A、B、C。显然，B 的中枢级别比 A、C 的中枢级别大，否则 A、B、C 就会连成一个大的趋势或大的中枢。在A之前的，一定是和B同级别的或更大级别的一个中枢，而且不可能是一个和A逆向的趋势，否则这3段就会在同一个大的中枢里了。

——缠中说禅教你炒股票24课

而对于用MACD指标来判断背驰的前提，缠论中也进行了说明。

用MACD指标判断背驰的前提是，A、B、C在一个大的趋势里，其中在A之前已经有一个中枢，而B是这个大趋势中的另一个中枢，这个中枢一般会把MACD指标的黄白线拉回到0轴附近。而当C的走势类型完成时，对应的MACD柱线面积（向上走势的股市图看红柱体，向下走势的股市图看绿柱体）比A对应的面积要小，这时候就构成了标准的背驰。

——缠中说禅教你炒股票24课

6.3.1 上涨股市中的技术指标背驰

对于标准的有两个中枢的上涨趋势来说，在MACD指标中出现的背驰具体形态，缠论中也有所介绍。

一般来说，标准的两个中枢的上涨走势，在MACD指标中会表现出如下的形态。第1段，MACD的黄白线从0轴下面上穿上来，在0轴上方停留的同时，相应地形成第1个中枢，同时形成第二类买点；其后走势突破该中枢，MACD的黄白线也快速拉起，这往往是最有力度的一段。走势的延伸和MACD指标钝化等情况都经常出现在这一段。这段一般在一个次级别的背驰中结束，然后进入第2个中枢的形成过程中。此时MACD的黄白线会逐步回到0轴附近，走势开始突破第2个中枢。MACD的黄白线以及柱体都再次重复前面的过程，但这次，黄白线不能创新高，柱体的面积或伸长的高度也不能创新高，出现背驰后就结束了这一包含两个中枢的上涨过程。

——缠中说禅教你炒股票25课

下面以图 6-15 所示的好利来周 K 线图为例进行分析。

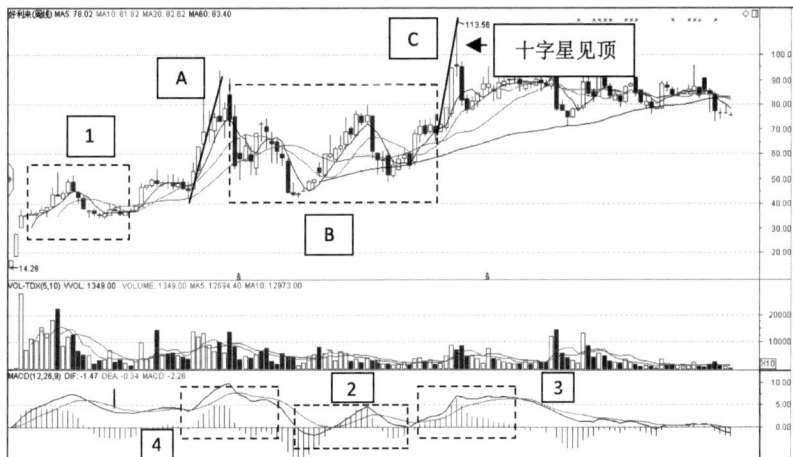

图6-15　好利来周K线图

操作提示 1：如图 6-15 所示，A、B、C 在一个大的上涨趋势中，其中在 A 之前已形成了中枢 1，B 是这个大趋势中的又一个中枢，并且 B 已经把 MACD 的黄白线拉回至 0 轴附近了，如图 6-15 中的 2 处所示；当 C 处的走势类型完成时,对应的 MACD 红柱体面积比 A 对应的红柱体面积小,即图 6-15 中的 3 处的 MACD 红柱体面积比 4 处的红柱体面积小，这就构成了标准的顶背驰，背驰点 113.56 元就是标准的卖点。

操作提示 2：从调整中枢的形态形成情况来看，在股价上升时期，调整中枢的出现，就是股价上涨的信号；而从后期出现的调整中枢形成开始，股价进入一轮又一轮的上升趋势，直到背驰形态出现，上升的趋势才发生改变；如图 6-15 所示，在 1 处出现中枢，这是股价上升的信号，而经过 A 处之后出现的调整中枢，就是一轮又一轮的上升趋势，股价见顶，达到 113.56 元，直到顶背驰出现，在 C 处之后，股价没有继续上涨，而是呈现下跌状态，持股者要在 C 处把握高抛时机。

操作提示 3：从成交量的角度来看，若是成交量无法继续放大，那么股价的强势上升不会持续很长时间，此时观察成交量在高位的变化可判断交易的时

机，进一步确认反转期间的卖点；在图 6-15 中标注的 3、4 处，MACD 指标
与股价背驰，成交量萎缩，持股者可由此确认交易时机。

6.3.2　下跌股市中的技术指标背驰

下面以图 6-16 所示的加加食品日 K 线图为例进行分析。

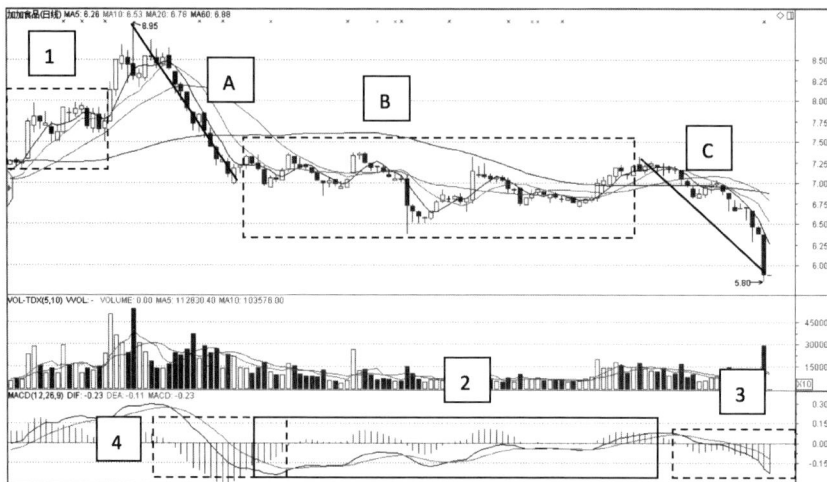

图6-16　加加食品日K线图

操作提示 1：在图 6-16 中，A、B、C 在一个大的下跌趋势中，其中在 A
之前已形成了中枢 1，B 是这个大趋势中的又一个中枢，而且 B 已经把 MACD
的黄白线拉回至 0 轴附近，如图 6-16 中的 2 处所示；当 C 处的走势类型完成
时，对应的 MACD 绿柱线面积比 A 对应的绿柱线面积小，即图 6-16 中 3 处
的 MACD 绿柱线面积比 4 处的绿柱线面积小，这就构成了标准的底背驰，背
驰点 5.80 元就是标准的买点。

操作提示 2：从调整中枢的形态形成情况来看，在股价回落时出现的调整
中枢，就是股价下跌的信号，而从后期出现的调整中枢形成开始，股价进入一
轮又一轮的下跌趋势，直到背驰形态出现，下跌的趋势才发生改变。如图 6-16
所示，在 1 处出现的中枢，是股价下跌的信号，而经过 A 处之后出现的调整中枢，

就是一轮又一轮的下跌趋势，股价到达最低点，直到底背驰形态出现。持股者要在 C 处适当地把握交易时机。

操作提示 3：从成交量的角度来看，若是成交量无法继续萎缩，那么股价的下跌会持续很长时间，此时观察成交量在股价低位是否达到地量可判断建仓的交易时机，进一步确认反转期间的买点。如图 6-16 所示，在 MACD 指标与股价背驰期间，成交量出现了地量萎缩，投资者可由此确认交易时机。

6.3.3 技术指标背驰的注意事项

通过分析，可知技术指标背驰是非常实用的识别背驰的方法，但是投资者在使用时应注意以下 3 个问题。

1. 注意 MACD 柱体的面积问题

注意，MACD柱体的面积不需要算得很精准，一般柱体伸长的力度变小时，把已经出现的面积乘以2，就可以当成是该段的面积。因此，在实际操作中根本不用等到回跌后才来判断是否出现背驰，在上涨或下跌的最后阶段，就可以判断了，这样投资者一般都可以抛在最高价位附近或买在最低价位附近。

——缠中说禅教你炒股票24课

2. 注意 MACD 指标自身的局限性

必须说明的是，由于MACD指标自身的局限性，要精确判断背驰与盘整背驰，还是要从中枢本身出发，再结合MACD指标判断背驰。对一般人来说，MACD指标理解和把握起来比较简单，而且这一个指标已经够用了。仅用MACD指标辅助判断，即使投资者对中枢不太清楚，但只要能分清楚A、B、C 3 段线段，其准确率也应该较高。而如果能配合中枢来进行判断，则会达到更高的准确率，这可以用纯数学的推理逻辑来证明。

——缠中说禅教你炒股票24课

首先，因为 MACD 指标自身的局限性，持股者想要准确判断背驰或盘整背驰，需要从中枢出发。其次，若仅用 MACD 指标辅助判断，即使投资者对中枢不太了解，但只要能分清楚 A、B、C 3 段线段，其准确率也应该较高。最后，若是投资者将中枢与 MACD 辅助判断相结合，就可以较为准确地判断。

3. 关于 MACD 指标的灵敏度

MACD指标的灵敏度和取用的参数有关，一般都取用12、26、9为参数，这些参数用来分析一般的走势足够了。但对于快速的走势，比如1分钟K线图，其反应就会显得不够灵敏。如果是超短线投资，那就要看实际的走势。

——缠中说禅教你炒股票5课

缠论中说："打开一个 MACD 图，首先应该很敏感地发现该股票 MACD 指标伸长的一般高度，在盘整中，一般伸长到某个高度，就一定得回去了；而在趋势中，这个高度一定也有一个极限，一般来说，一旦触及这个乖离的极限，特别是2次或3次上冲该极限，就会引发因为乖离而产生的回调。这种回调因为变动太快，在1分钟K线图上都不会表现为背驰，所以必须用单纯的 MACD 柱体伸长来判断。"而投资者在实际操作中，应该注意到此问题。

6.4 / 均线相交面积背驰

6.4.1 均线理论

1. 均线系统

在介绍均线相交面积背驰之前，先介绍一下缠论中的均线系统。

如果突破某条均线就买入，反之卖出，那成功率绝对不会高，特别是短期

的均线成功率很低。真正有用的是均线系统，它是由若干条代表短、中、长期
走势的均线构成的技术评价系统。

——缠中说禅教你炒股票11课

缠论中说，均线系统只是K线系统的一个辅助系统。

下面以图6-17所示的焦作万方日K线图为例进行分析。

图6-17　焦作万方日K线图

形态解析

（1）均线系统由不同周期的均线组成，常用的有MA5、MA10、MA20、
MA30、MA60、MA120、MA240等。

（2）图6-17中的MA5代表5日均线，MA10代表10日均线，MA20、MA60、
MA120分别代表20日均线、60日均线及120日均线。

2. 短期均线与长期均线的位置关系

如图6-18所示，
短期均线在长期均线之
上，代表多头市场；短
期均线在长期均线之
下，代表空头市场。

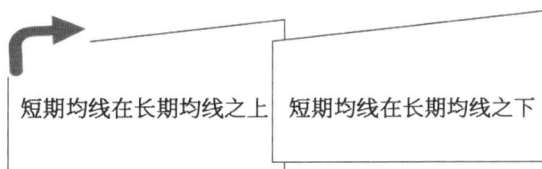

图6-18　短期均线与长期均线的两种位置关系

下面以图 6-19 所示的鞍钢股份日 K 线图为例进行分析。

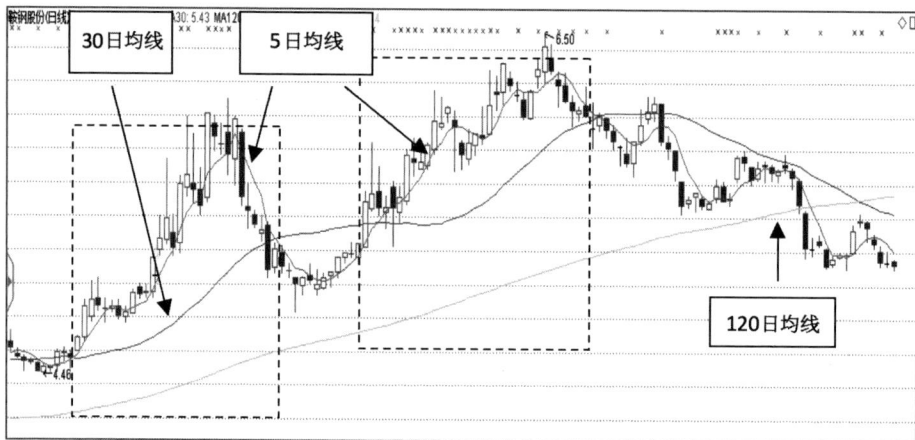

图6-19　鞍钢股份日K线图

形态解析

如图 6-19 所示，大多数情况下，短期均线在长期均线的上面，即 MA5 在 MA30 的上面，也在 MA120 的上面，此时为多头市场。

下面以图 6-20 所示的新洋丰日 K 线图为例进行分析。

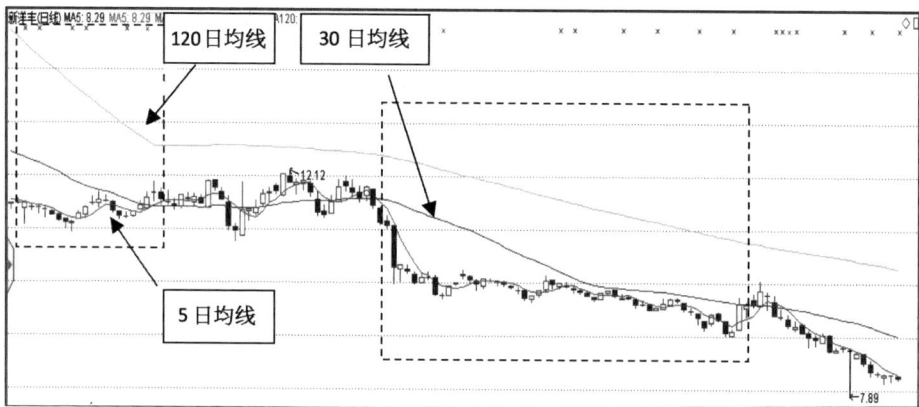

图6-20　新洋丰日K线图

形态解析

如图 6-20 所示，大多数情况下，短期均线在长期均线的下面，即 MA5 在 MA30 的下面，也在 MA120 的下面，此时为空头市场。

3. 均线之间的关系

如图 6-21 所示，在任意一个股市 K 线图中，均线系统中的各条均线间必然有不同的关系。

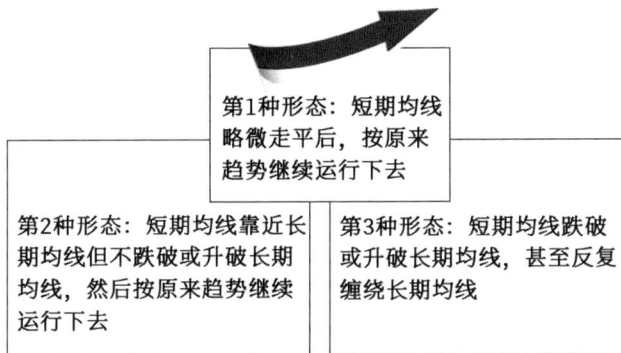

第1种形态：短期均线略微走平后，按原来趋势继续运行下去

第2种形态：短期均线靠近长期均线但不跌破或升破长期均线，然后按原来趋势继续运行下去

第3种形态：短期均线跌破或升破长期均线，甚至反复缠绕长期均线

图6-21　均线的3种关系

如果一个走势，连短线均线都不能突破，那么其间出现的高点、低点，肯定只是低级别图表上的，在高级别图表上没有意义。当走势突破短期均线但不能突破长期均线时，就会形成第1种"短期均线略微走平后，按原来趋势继续运行下去"的状态；当走势突破长期均线马上形成陷阱时，就会形成第2种"短期均线靠近长期均线但不跌破或升破长期均线，然后按原来趋势继续运行下去"的状态；当走势突破长期均线并出现一定的反复时，就会形成第3种"短期均线跌破或升破长期均线，甚至反复缠绕长期均线"的状态。由此可见，"第1种"是基本没有任何反抗力的，"第2种"的力度也一般，而"第3种"就意味着力度足够强，而一切转折，基本都是从"第3种"关系开始的。

——缠中说禅教你炒股票15课

图 6-22 即为底分型中的"短期均线略微走平后，按原来趋势继续运行下去"的示意图。

下面以图 6-23 的 *ST 新城日 K 线图为例进行分析。

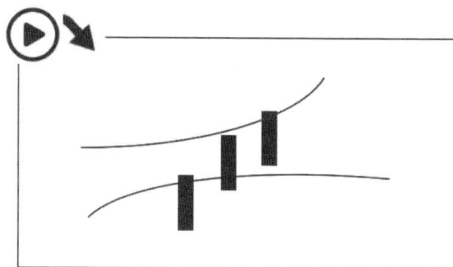

图6-22　第1种状态

形态解析

（1）在图 6-23 中，虚线框处，短期均线略微靠近长期均线，但是不与之接触，而是按照原来的趋势继续运行。

图6-23　*ST新城日K线图

（2）值得注意的是，这种形态出现的概率比较小，一般都是在趋势特别强烈时出现，而太强烈的趋势是不可能太长久的，所以其后经常会出现震荡。

图 6-24 即为底分型中的"短期均线靠近长期均线但不跌破或升破长期均线，然后按原来趋势继续运行下去"的示意图。

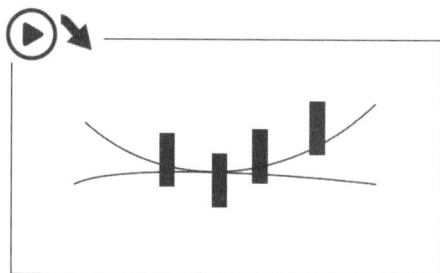

图6-24　第2种状态

下面以图 6-25 所示的山东海化日 K 线图为例进行分析。

图6-25　山东海化日K线图

形态解析

（1）如图 6-25 虚线框处所示，短期均线靠近长期均线，并且二者有所接触，虽接触，但是不跌破也不升破，接触后短期均线按照原来的方向继续运行。

（2）值得注意的是，这是各种基本的趋势运行过程中最常见到的一种形态，尤其是在"短期均线在长期均线之下"的情况中，基本都是这种形态，一旦出现这种形态，反弹基本就将结束；同时，在"短期均线在长期均线之上"的情况下出现这种形态时，调整结束的概率也是很大的。

图 6-26 即为底分型中的"短期均线跌破或升破长期均线，甚至反复缠绕长期均线"的示意图。

下面以图 6-27 所示的茂业通信日 K 线图为例进行分析。

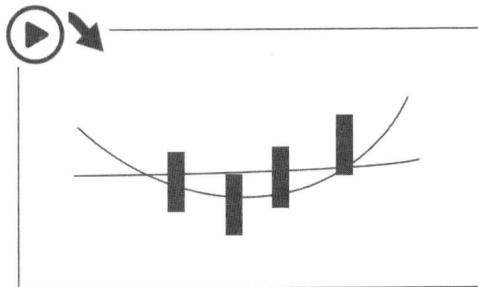

图6-26　第3种形态

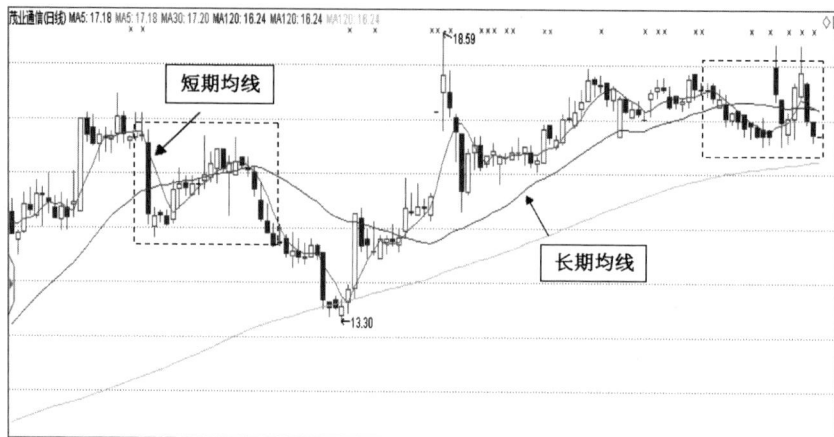

图6-27　茂业通信日K线图

形态解析

（1）从图6-27中的虚线框处可发现，短期均线跌破了长期均线，后又升破了长期均线，而且两线相互缠绕。

（2）值得注意的是，这种形态会出现在一段趋势后的较大调整中，还会出现在趋势转折时。

根据缠论，转折一般分为两种，如图6-28所示。

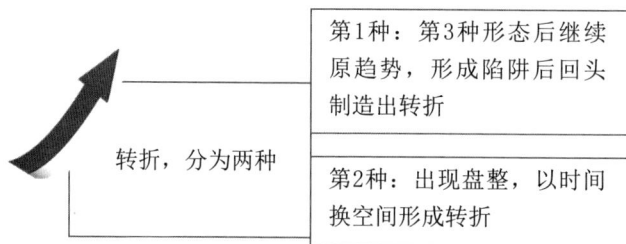

图6-28　转折的两种情况

对于第1种情况，转折后的最大的标志就是所谓的"背驰"了。必须注意：没有趋势，就没有背驰。在盘整中是无所谓"背驰"的，这点必须特别明确。还有一点必须注意，这里的所有判断都只关系到两条均线与走势，和任何技术指标都无关。

　　而在实际操作中，如果连第 3 种形态都没有产生，那么对于一只上涨的股票来说，投资者应该选择持有。

形态解析

　　观察图 6-29，可发现股价在上涨过程中虽出现了第 2 种形态，即 "短期均线靠近长期均线但不跌破或升破长期均线，然后按原来趋势继续运行下去"，但是没有出现第 3 种形态，即 "短期均线跌破或升破长期均线甚至反复缠绕长期均线"。根据缠论，对于上涨的股价，若没有出现第 3 种形态，则投资者应该选择持有。而对于下跌的股价，若没有出现第 3 种形态，则投资者不应该买进。

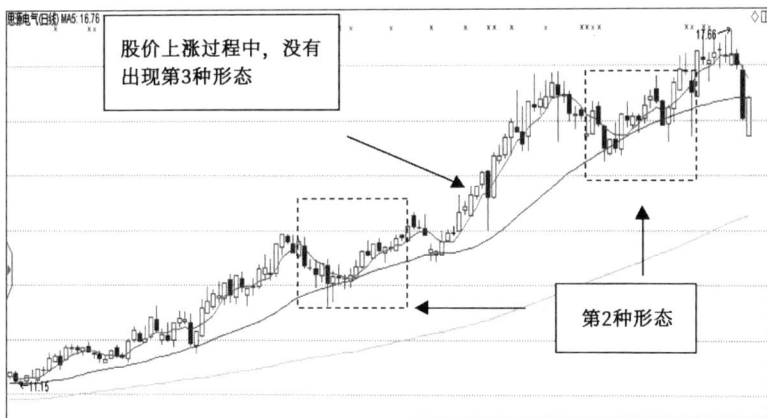

图6-29　思源电气日K线图

形态解析

　　观察图 6-30，可以发现股价在下跌过程中虽出现了第 1 种形态，即 "短期均线略微走平后，按原来趋势继续运行下去"，但是没有出现第 3 种形态，即 "短期均线跌破或升破长期均线甚至反复缠绕长期均线"。根据缠论，对于下跌的股市，若没有出现第 3 种形态，投资者就不应该选择买进。

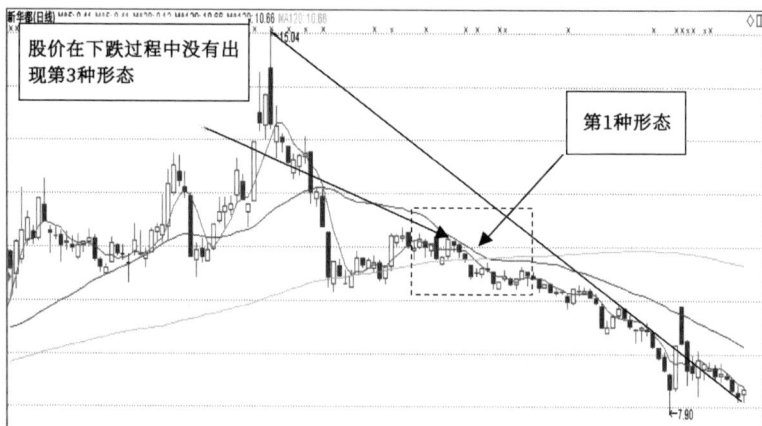

图6-30　新华都日K线图

6.4.2　均线相交面积的背驰

用均线定义的"背驰"，主要用于缠论均线的操作方法中。理解缠论中的均线相交面积背驰的前提是要理解"趋势力度"。

如何判断"背驰"？首先定义一个概念，将其称为缠中说禅趋势力度：前一"均线相交"的结束与后一"均线相交"的开始，也就是由短期均线与长期均线相交所形成的面积。在前后两个同向的趋势中，当缠中说禅趋势力度比上一次趋势力度弱时，就形成"背驰"。这是最稳妥的判断背驰的办法，但唯一的缺点是必须等再次变化后才能判断，这时，走势离真正的转折点已经有一些距离了。解决这个问题的第1种方法是，看低一级别的图，按该种办法从中找出相应的转折点。这样找出的点和真正的低点基本没有太大出入。

——缠中说禅教你炒股票15课

在股市中用均线相交面积来判断背驰，就是考察同向趋势中，前、后一段时间中短期均线与长期均线相交时形成的面积。该部分面积越小、趋势力度越弱，即形成背驰。

1. 上涨趋势股市图

形态解析

如图 6-31 所示，观察股市大局，在上涨趋势中，后期形成的面积比前期形成的面积小。在图 6-31 中，面积 1、面积 2 的关系是：面积 1 大于面积 2。这表明上涨力度减弱，同时，上涨进入趋势力度背驰，此时持股者应该考虑卖出。

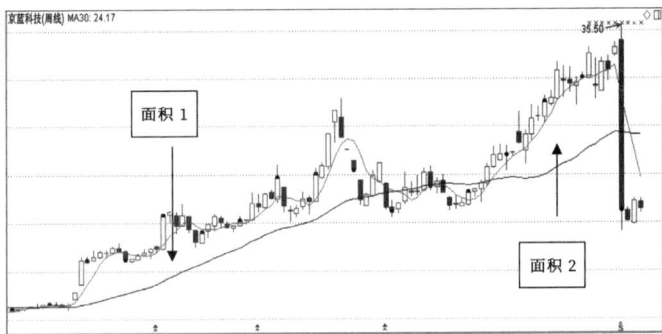

图6-31　京蓝科技周K线图

形态解析

如图 6-32 所示，观察股市大局，在上涨趋势中，后期形成的面积比前期形成的面积小，表明上涨力度减弱。在图 6-32 中，面积 1、面积 2 的关系是：面积 1 大于面积 2。同时，上涨进入趋势力度背驰，此时投资者应该考虑卖出。

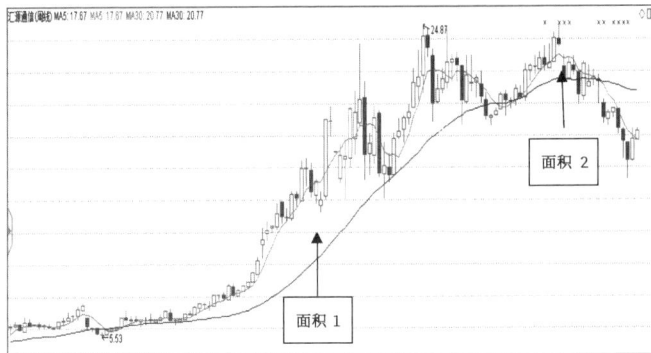

图6-32　汇源通信周K线图

2.下跌趋势股市图

形态解析

如图 6-33 所示，观察股市大局，在下跌趋势中，后期形成的面积比前期形成的面积小，表明下跌力度减弱。图 6-33 中，面积 1、面积 2 的关系是：面积 1 大于面积 2。同时，下跌进入趋势力度背驰，此时投资者应该考虑买进。

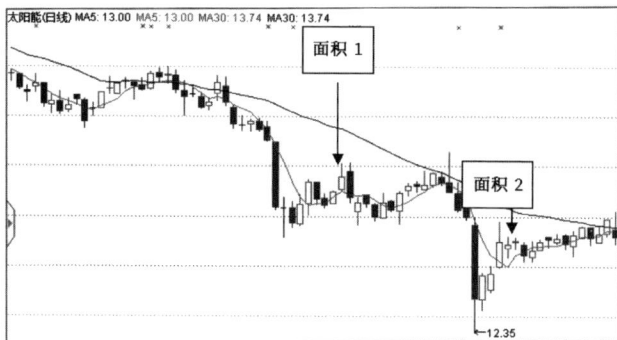

图6-33　太阳能日K线图

形态解析

如图 6-34 所示，观察股市大局，在下跌趋势中，后期形成的面积比前期形成的面积小，表明下跌力度减弱。图 6-34 中，面积 1、面积 2 的关系是：面积 1 大于面积 2。同时，下跌进入趋势力度背驰，此时投资者应该考虑买进。

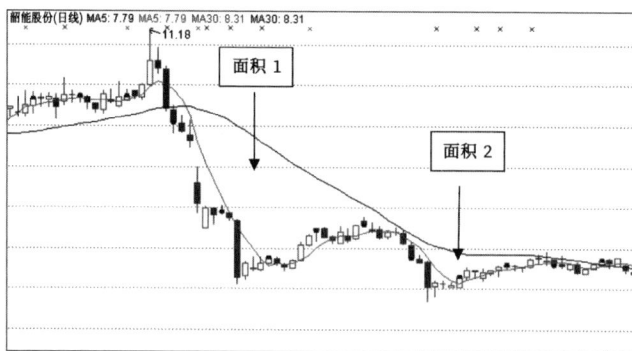

图6-34　韶能股份日K线图

除了上述用趋势力度以及"均线之间的关系"来判断背驰之外，缠论中还介绍了另一种方法。

还有一种方法，其技巧要求比较高。首先定义一个概念，将其称为缠中说禅趋势平均力度：当下一"均线相交"与前一"均线相交"结束时，用短期均线与长期均线形成的面积除以时间。因为这个概念是即时的，马上就可以判断当下的缠中说禅趋势平均力度与前一次缠中说禅趋势平均力度的强弱。一旦这次的平均力度比上次弱，就可以判断"背驰"即将形成。然后再根据短期均线与长期均线的距离进行辅助判断，一旦延伸长度缩短，就意味着真正的底部将很快形成。按这种方法，基本就可以抓住真正的转折点。但这个方法有一个缺陷，就是风险较高，并且需要投资者具备比较好的分析技巧和对市场的感觉。

——缠中说禅教你炒股票15课

运用这个方法可以在判断背驰的同时抓住转折点，但是存在较高的风险，初学者要慎用。

6.5 / 背驰的力度与级别

之前介绍过背驰的转折定理：某级别趋势的背驰，将导致该趋势最后一个中枢的级别扩展，或者形成比该级别更大的盘整，又或者形成该级别以上的级别的反趋势。

背驰的级别不可能大于当下走势的级别。例如，一个30分钟级别的背驰，只可能存在于一个至少是30分钟级别的走势类型中。

——缠中说禅教你炒股票43课

可以在这个定理之上理解背驰的力度与级别。例如，一个 1 分钟级别的顶背驰，在大多数情况下不能造成周线级别的大顶，除非在日线上也出现背驰。

6.5.1　趋势背驰的力度与级别

形态解析

（1）如图 6-35 所示，下跌走势中出现了背驰点，从理论上来说只能将走势拉回原来的中枢。

（2）走势中一旦出现背驰，就会出现转折。值得注意的是，由背驰导致的转折不一定是同级别的。有时候，小级别的背驰能够引发大级别的转折，但这需要满足该级别最后一个次级别走势中枢出现第三类买卖点这一必要条件。

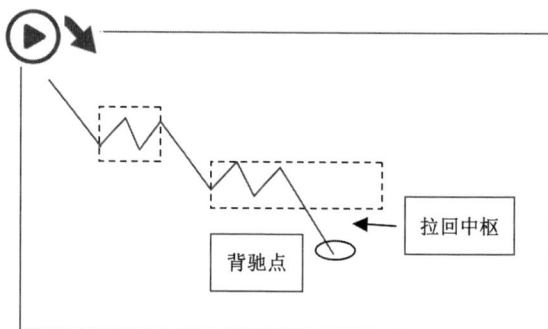

图6-35　背驰

由缠论可知，背驰会引发图 6-36 所示的 3 种情况。

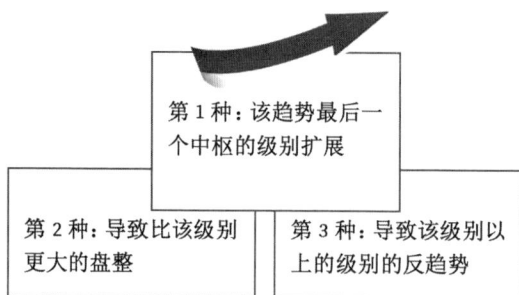

第1种：该趋势最后一个中枢的级别扩展

第2种：导致比该级别更大的盘整

第3种：导致该级别以上的级别的反趋势

图6-36　背驰引发的3种情况

以上这 3 种情况都需要注意。

1. 第 1 种情况：该趋势最后一个中枢的级别扩展

形态解析

（1）观察图 6-37 可以发现，走势中因背驰产生后形成的反弹触及了最后一个中枢的 DD=min(dn)，使该趋势出现最后一个中枢的级别扩展。

（2）值得注意的是，这种情况和盘整背驰中转变成第三类卖点的情况不同，在那种情况下，反弹的级别一定比最后一个中枢小，而在这种情况下，反弹的级别一定等于或大于最后一个中枢。

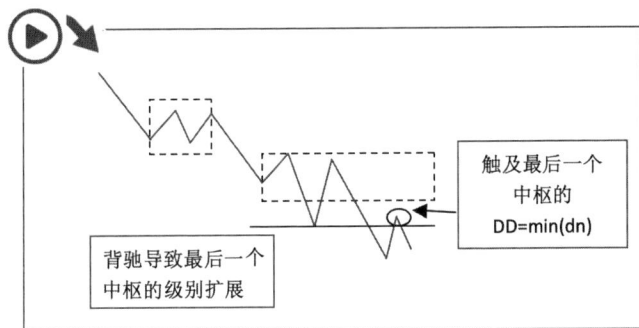

图6-37　背驰引发的第1种情况

2. 第 2 种情况：导致比该级别更大的盘整

形态解析

（1）图 6-38 所示的走势情况属于第 2 种情况。观察图 6-38 中的走势，可以看出背驰产生后形成的反弹触及了最后一个中枢的区间，但是不产生第三类买点，这将导致比图 6-38 中级别更高的盘整的出现。

（2）当反弹至少重新触及最后一个中枢时，将发生转折，也就是出现盘整与上涨这两种情况。需要注意，这里的盘整的中枢级别一定大于下跌的中枢级别，否则就会和下跌的延伸或第 1 种趋势最后一个中枢的级别扩展搞混了。而上涨的中枢级别不一定大于下跌的中枢级别。

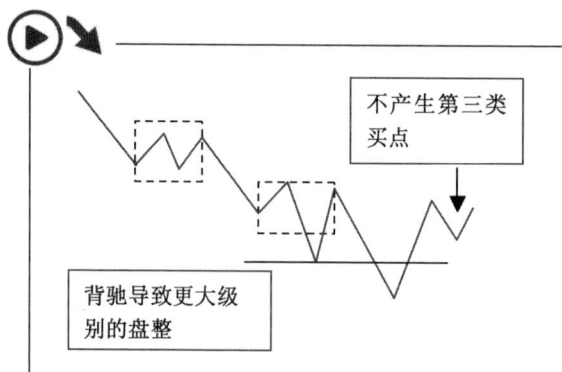

图6-38　背驰引发的第2种情况

3. 第3种情况：导致该级别以上的级别的反趋势

形态解析

（1）图 6-39 所示的走势情况属于第 3 种情况。观察图 6-39 中的走势，可以看出背驰产生后形成的反弹突入最后一个中枢的区间，由此产生了第三类买点，这将导致图 6-39 中产生该级别以上级别的反趋势。

（2）转折必然由背驰导致，但背驰导致的转折并不一定是同一级别的。某级别的背驰必然导致该级别原走势类型的终止，进而开始同级别或以上级别的另外一个走势类型。

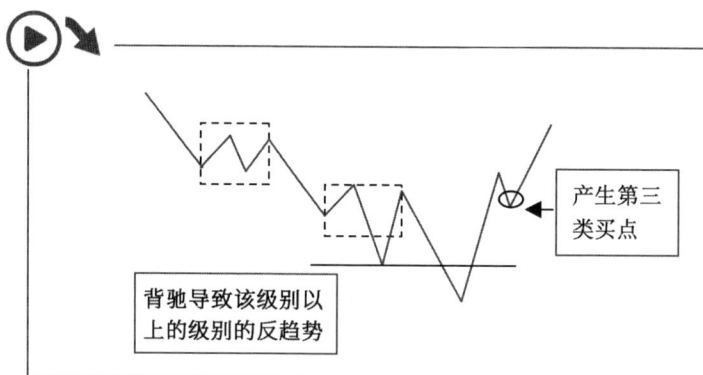

图6-39　背驰引发的第3种情况

6.5.2 盘整背驰的力度与级别

为了便于投资者理解盘整背驰，这里将对盘整背驰后可能出现的走势进行分类。

1. 第1种情况：C段未能突破中枢

❯❯ **形态解析**

如图 6-40 所示，C 段未能突破中枢的区间范围。从 MACD 指标来看，C 段的柱体面积比 A 段的柱体面积小，产生背驰。投资者此时应该卖出股票，因为之后股价会回跌。

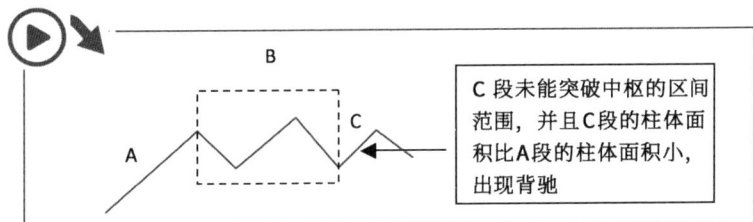

图6-40 C段未能突破中枢

2. 第2种情况：C段向上突破中枢

❯❯ **形态解析**

（1）如图 6-41 所示，C 段向上突破中枢。从 MACD 指标来看，C 段的柱体面积比 A 段的柱体面积大，产生背驰，此时应该买入股票。

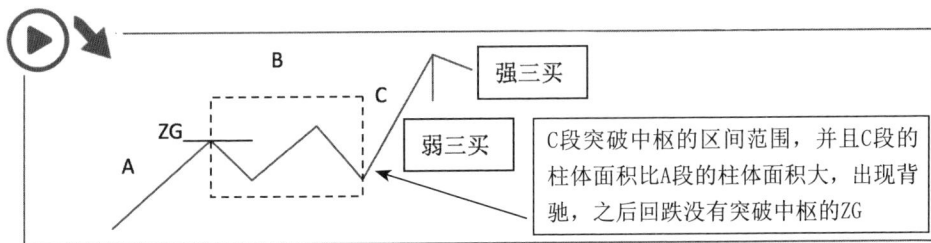

图6-41 C段向上突破中枢

（2）如图6-41所示，当C段向上突破中枢，从MACD指标来看，C段的柱体面积比A段的柱体面积大，产生背驰之后，回跌没有跌破中枢ZG，为三买。而三买分为"强三买"和"弱三买"两种情况。其中，股价跌破中枢区间的延伸范围，但是没有跌破ZG的形态称作弱三买；股价未跌破中枢区间的延伸范围，也未跌破ZG的这种形态称作强三买。

（3）但是还有一种情况，就是产生背驰之后，股价回落到中枢中，并且突破中枢的ZG，无法构成三买的情况，继续震荡。

3. 第3种情况：弱三卖和强三卖

形态解析

（1）如图6-42所示，C段向上突破中枢。从MACD指标来看，C段的柱体面积比A段的柱体面积小，产生背驰，随后股价回跌，跌破中枢，并且位于中枢区间的低点下，幅度不大，形成弱震荡。

（2）D段触底反弹之后，向上突破中枢的最低点延伸线DD，出现在最低点和波动区间的范围内，这种情况称为弱三卖。

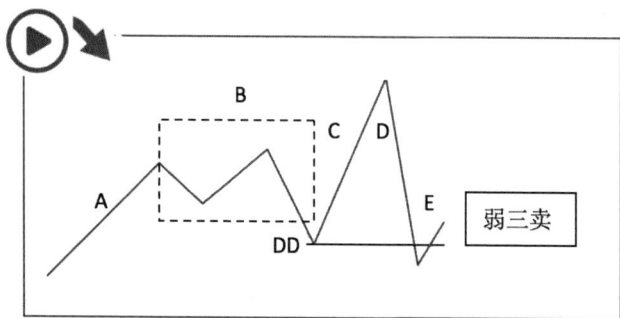

图6-42　弱三卖

形态解析

（1）如图6-43所示，C段向上突破中枢。从MACD指标来看，C段的柱体面积比A段的柱体面积小，产生背驰，随后出现股价回跌现象。D段回跌，跌破中枢后，位于中枢区间的低点以下，幅度不大，为弱震荡。

（2）D段触底反弹之后，向上没有突破中枢的最低点延伸线DD，这种情况称为强三卖。

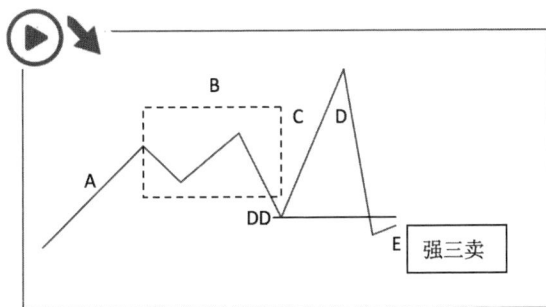

图6-43　强三卖

如果C段无法突破中枢，一旦出现MACD柱体的C段面积小于A段面积的情况，其后必定有回跌。比较复杂的是，如果C段上破中枢，但C段的柱体面积小于A段，那么这时候的原则是先观望，其后有两种情况：若回跌不重新跌回，就在次级别的第1类买点回补，其构成该级别的第三类买点；反之就继续该盘整。

——缠中说禅教你炒股票24课

6.6/ 区间套

在具体分析股市中的趋势背驰时，要精确地找出本级别图中离开最后中枢的上涨段或下跌段的背驰点。而仅仅观察本级别图中的情况，是很难取得识别的效果的，缠论使用了"区间套"这一定理来解决这一问题。

6.6.1 区间套定理

学过数学分析的人，都应该对区间套定理有印象。这种从大级别往下精确地寻找大级别买点的方法和区间套是一个道理。

——缠中说禅教你炒股票27课

这种区间套的方法是以数学分析为基础进行理解运用的。而在股市中，又该如何操作和处理区间套呢？

缠中说禅精确大转折点寻找程序定理：某大级别的转折点，可以通过不同级别背驰段的逐级收缩范围来确定。换言之，对于某大级别的转折点，先找到其背驰段，然后在次级别图里，找出相应背驰段在次级别图里的背驰段，将该过程反复进行下去，直到最低级别，此时相应的转折点就在该级别背驰段确定的范围内。如果这个最低级别是每笔成交，理论上，大级别的转折点就可以精确到笔的背驰上，甚至就是唯一的一笔。

——缠中说禅教你炒股票27课

根据缠论可知，想要判断某个级别的背驰点，首先要找到其背驰段；其次，要在次级别图里找出相应背驰段在次级别里的背驰段；然后，若没有找到，就应该将该过程反复进行下去；最后，到达最低级别，找出最低级别中背驰段包含的背驰点。

下面以某只股票为例，运用流程图分析如何寻找背驰点，如图6-44所示。

1. 以某只股票为例，放大季线图上的背驰段，在月线图上寻找，找到针对月线图最后中枢的背驰段。而这个月线中枢的背驰段，一定在季线的背驰段中

2. 按照层层放大的方法，把这个过程从月线依次延伸到周线、日线、30分钟、5分钟、1分钟，甚至可以延伸到每笔交易

3. 通过区间套的层层放大，区间不断缩小，在理论上，甚至可以达到这样一种情况，可明确指出：这一笔就是这只股票历史底部的最后一笔交易，这一交易的完成意味着这只股票的一个历史性底部的形成与新趋势的开始

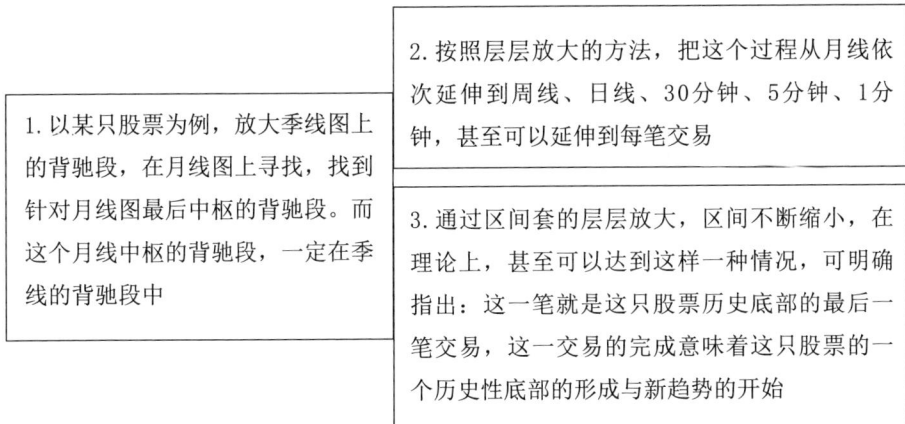

图6-44　区间套操作流程

区间套是逐段精确地判断背驰的方法。区间套操作的终极意义是追踪节点。从高到低一级级追踪下去，一直追踪到某一单交易为止。这个概念就好比要在某个城市搜索一个人，应先确定是在哪个城市，然后确定是哪个区，再确定是哪栋楼，最后确定是哪个房间。

6.6.2　区间套定理的运用

下面以图6-45所示的沙隆达A日K线图为例来讲解区间套定理的运用方法。

图6-45　沙隆达A日K线图

操作提示：图 6-45 为沙隆达 A 2016 年 10 月 31 日至 2017 年 5 月 8 日的日 K 线图，观察日 K 线走势，可发现 C 段有背驰现象。

为了进一步寻找背驰点，按照缠论的区间套理论，打开沙隆达 A30 分钟 K 线图，如图 6-46 所示。

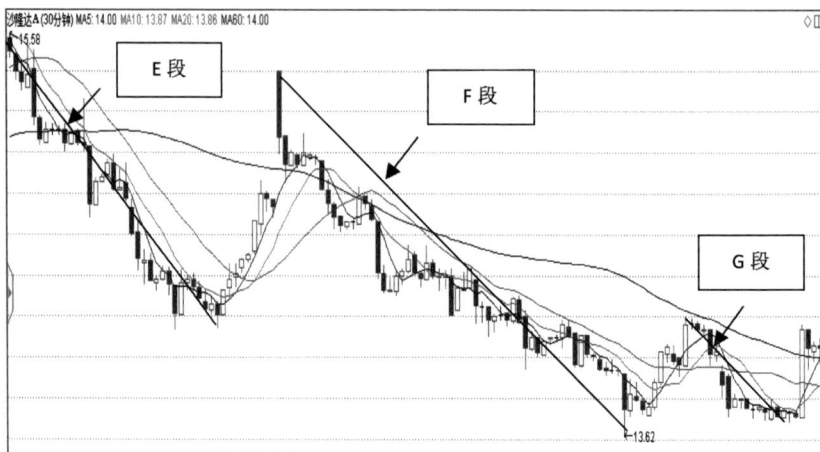

图6-46　沙隆达A30分钟K线图

操作提示 1：按照区间套定理，打开沙隆达 A 30 分钟 K 线图，观察 C 段在 30 分钟 K 线中的具体走势，并且找出 C 段在 30 分钟 K 线图中对应的背驰段。

操作提示 2：如图 6-46 所示，在 30 分钟 K 线图中，找出 E、F、G 3 段下跌走势，可发现 G 段为背驰段；假如背驰点在 G 段中，则不需要运用区间套定理再进行判断，假如背驰点不在 G 段中，则还需要运用区间套定理再次进行判断。

第7章
缠论实战之买卖点法则

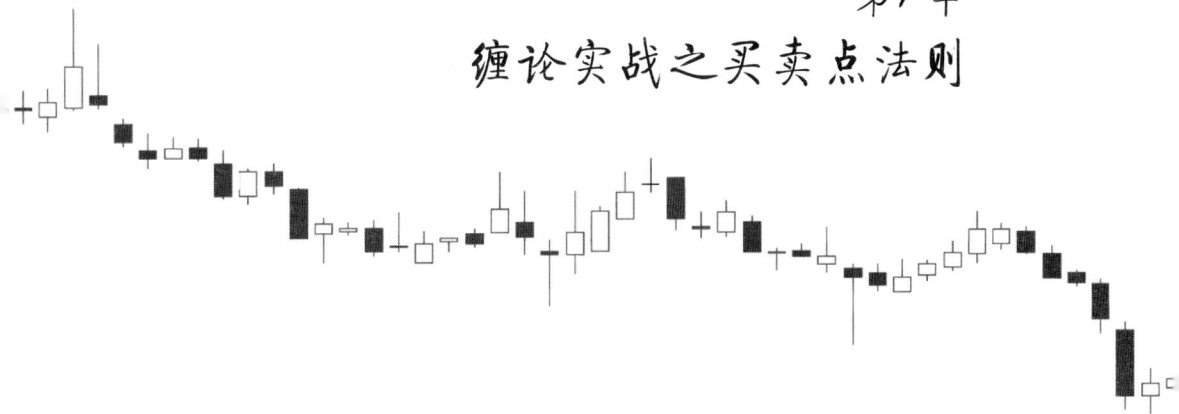

本 / 章 / 导 / 读

　　划分买卖点是判断股市走势类型的关键，是操作的根本。缠论中的任何理论及技术都是为了在实际操作中应用，也就是让投资者能够在股市中获取利润。本章介绍的3类买卖点是缠论最核心的内容之一，也是最具实际操作意义的内容之一。同时，根据股市中不同的买卖点，可以将整个股市的走势类型划分为上涨、盘整以及下跌，而走势类型的划分，也是为了使投资者能够在买点上找到低价建仓的机会，在卖点上找到高抛获利的时机。

　　缠论中的买卖点分为3类，即第一类买卖点、第二类买卖点、第三类买卖点，而买卖点关系到投资者的整个交易操作。

　　对于单一品种的持股者和投资者来说，应该正确利用缠论中的买卖点理论来建仓和出仓，掌握"买点买、卖点卖"的原则，同时掌握"买点总是在下跌走势中形成，卖点总是在上涨走势中形成"的规律。

7.1 / 第一类买卖点

　　根据缠论"走势终完美"的观点，即任何一种走势类型在完成之后，必然要转变成其他走势类型，可以得出如图 7-1 所示的走势类型形成的规律。

　　投资者在股市中如果能抓住下跌转折时的分界点，就可找到一个有利的买入位置，此买入位置就是缠论中的第一类买点。同理，投资者在股市中如果能抓住上涨转折时的分界点，就可找出一个有利的卖出位置，此卖出位置就是缠论中的第一类卖点。

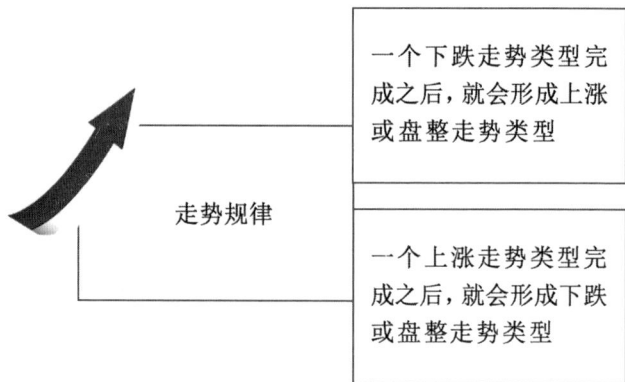

走势规律

一个下跌走势类型完成之后，就会形成上涨或盘整走势类型

一个上涨走势类型完成之后，就会形成下跌或盘整走势类型

图7-1　走势类型形成的规律

　　第一类买卖点是走势类型变化的分界点，是前一趋势类型结束、后一走势类型开始的转折点。

　　第一类买卖点的最大标志就是背驰，因为对于标准的趋势来说，背驰是趋势结束的标志，因此在一般的股市情况中，可以用背驰来判断走势类型的结束。

　　但是对于股市中的趋势来说，前面必然有一个对应的结束点。在上涨趋势买点进入的投资者，可安心持有，等股市出现顶背驰形态之后再选择退出；而在下跌趋势退出的投资者，也应该等待对应的底背驰出现之后再选择进入。

　　股市中的走势并不像理论中的那样标准，趋势的结束也并不都是由背驰形成的。趋势有如图 7-2 所示的 3 种可能的结束方式。

图7-2　趋势的结束方式

这3种趋势结束方式的定义如图 7-3 所示。

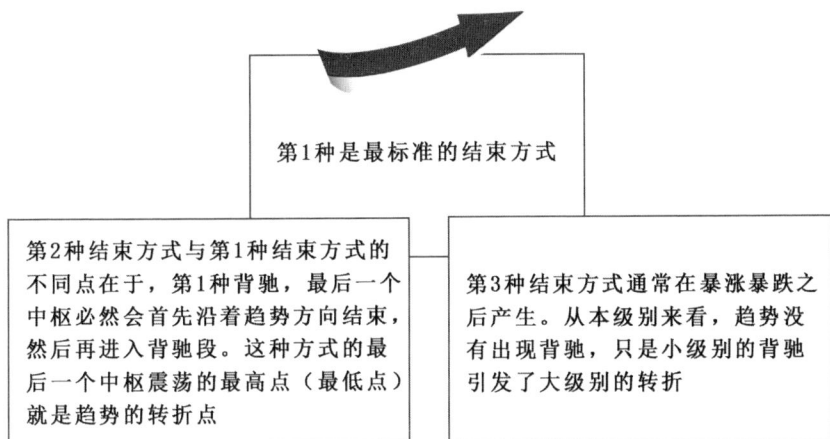

图7-3　趋势结束方式的定义

7.1.1　第一类买点解析

第一类买点与背驰密切相关。缠论中给出了第一类买点的定义，即在某级别下跌趋势中，一个次级别走势类型会跌破在最后一个中枢后形成的背驰点。

形态解析

（1）如图 7-4 所示，在 "a+A+b+B+c" 中，在 b 段之前出现了一个中枢 A。B 是下跌趋势中的另一个中枢。从图中可以发现，c 段趋势力度比 b 段趋势力

度弱，跌破了最后一个中枢，形成了背驰点。图中椭圆处就是缠论中所说的第
一类买点，是下跌趋势中的背驰点。

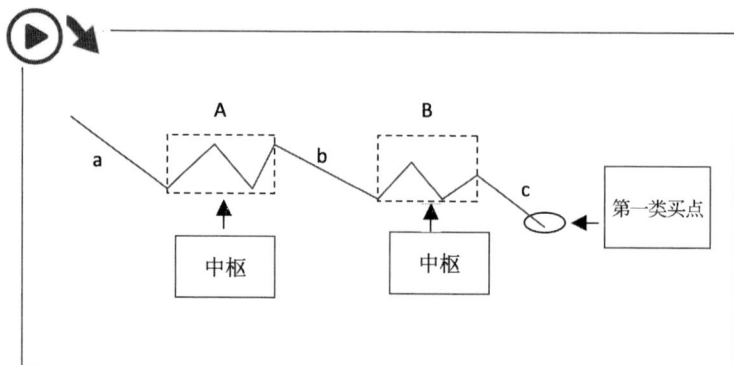

图7-4　第一类买点

（2）将理论与图 7-4 相结合，总结出形成第一类买点的条件：在次级别中，
次级别跌破最后一个走势中枢，形成背驰。

下面以图 7-5 所示的 *ST 钱江日 K 线图为例进行分析。

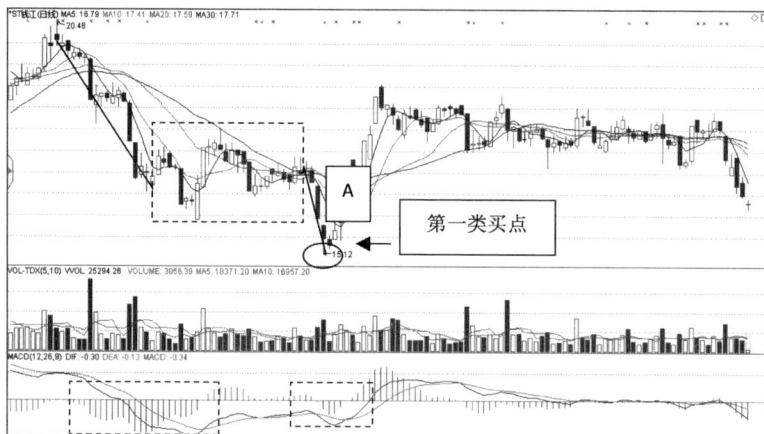

图7-5　*ST钱江日K线图

操作提示 1：如图 7-5 所示，股市处在下跌的过程中，在 A 处形成第一
类买点。

操作提示 2：从 MACD 指标中可以看出，第 1 个虚线方框的面积大于第 2 个虚线方框的面积，表明第 2 根下跌线段的柱体面积小于第 1 根下跌线段的柱体面积，形成底背驰；在 15.12 元处，投资者可选择建仓。

7.1.2　第一类卖点解析

第一类卖点和第一类买点一样，与背驰的关系较为密切。

缠论中将第一类卖点定义为：在某级别上涨趋势中，一个次级别走势类型向上突破在最后一个中枢后形成的背驰点。

❯❯ 形态解析

（1）如图 7-6 所示，在 "a+A+b+B+c" 中，在 b 段之前出现了一个中枢 A。B 是上涨趋势中的另一个中枢。从图中可以发现，c 段趋势力度比 b 段趋势力度弱，c 段的高点为背驰点。图中椭圆处就是缠论中所说的第一类卖点，是上涨趋势中的背驰点。

（2）将理论与图 7-6 相结合，总结出形成第一类卖点的条件：在次级别中，次级别突破最后一个走势中枢，形成背驰。

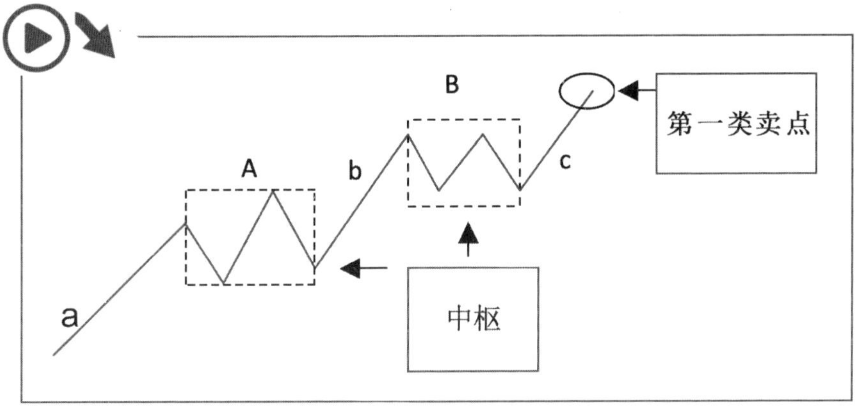

图7-6　第一类卖点

下面以图7-7所示的鄂武商A日K线图为例进行分析。

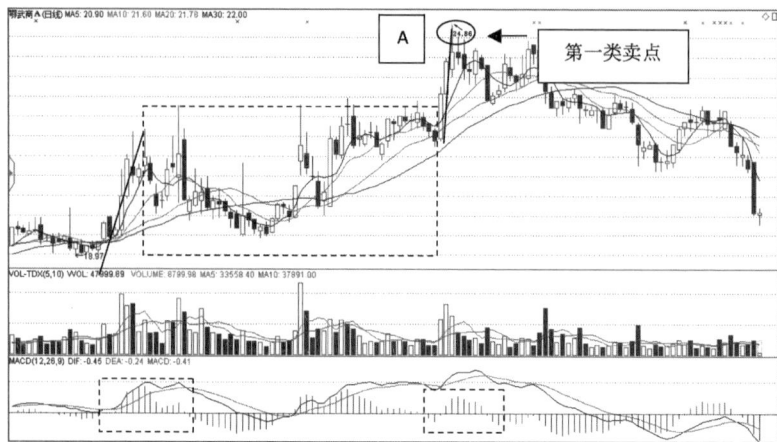

图7-7　鄂武商A日K线图

操作提示1：如图7-7所示，股市处在上涨的过程中，在A处形成第一类卖点。

操作提示2：从MACD指标中可以看出，第1个虚线方框的面积大于第2个虚线方框的面积，表明第2根上涨线段的柱体面积小于第1根上涨线段的柱体面积，形成顶背驰；在24.86元处，持股者可选择减仓或清仓，也就是卖出。

利用缠论中的第一类买卖点进行交易时，投资者要注意图7-8所示的4个方面。

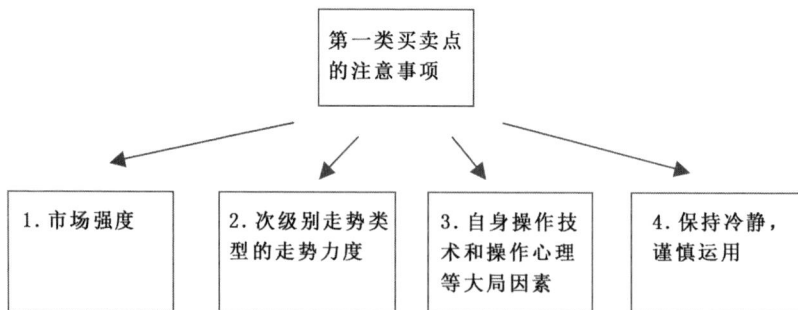

图7-8　第一类买卖点的注意事项

（1）针对个股来说，投资者首先要关注整体的市场强度。如果整体市场强度配合，那么趋势结束之后，转变为反趋势的可能性较大；如果整体市场强度不配合，则转变为盘整的可能性较大。

（2）观察第一类买卖点出现之后，第1个次级别走势类型的走势力度如何。如果该次级别走势类型较为疲软，仅仅回到原趋势的最后一个中枢之中，那么后续转变为盘整走势类型的可能性较大。

（3）所谓把握第一类买卖点，就是在底部介入和顶部离场。但是对于刚入门的投资者来说，操作比较困难，需要投资者有较高的技术水平，需要综合基本面、技术面、心理面等多方面因素，还需要有较大的信息量和较高的信息分析水平。

（4）对于刚入门的投资者来说，可以不参与第一类买卖点的交易，而仅仅把第一类买卖点当作划分走势类型的关键点，了解自身所处的走势类型。

7.2/ 第二类买卖点

缠论中说，第二类买卖点与第一类买卖点紧密相连。

第二类买点是和第一类买点紧密相连的，因为出现第一类买点后，必然只会出现盘整与上涨的走势类型。而第一类买点出现后的第2段次级别走势低点就构成第二类买点。根据走势终完美的原则，其后必然有第3段向上的次级别走势出现，因此该买点也是相对安全的。第二类买点不是必然出现在中枢的上下位置的，可以在任何位置出现。在中枢下出现的，其后的力度就值得怀疑了，出现扩张性中枢的可能性极大。在中枢中出现的，出现中枢扩张与新生的机会对半。在中枢上出现的，中枢新生的机会就很大了。但无论哪种情况，盈利是必然的。

——缠中说禅教你炒股票21课

关于第二类买卖点，可以从图7-9所示的4种角度进行分析。

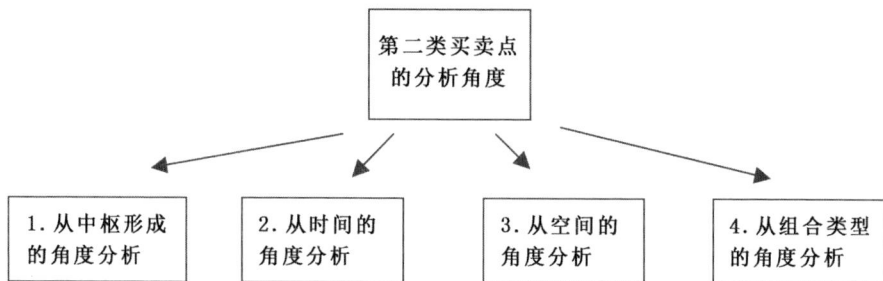

图7-9　第二类买卖点的4种分析角度

1. 从中枢形成的角度分析

从中枢形成的角度来看，第二类买卖点的意义就是原趋势结束，新的走势类型展开。因为新的走势类型必然有一个中枢，否则便不能称作走势类型。中枢都至少由3个次级别走势类型构成，因此第二类买卖点走势类型的结束，也就是第3个次级别走势类型的开始。

2. 从时间的角度分析

从时间的角度来看，第二类买卖点是在第一类买卖点之后出现的，可以先利用第一类买卖点来确认前趋势的结束。若是趋势不结束，则新的走势类型不会开始，是不可能有第二类买卖点的，只可能出现原趋势中枢震荡的买卖点。

3. 从空间的角度分析

从空间的角度上来看，第二类买卖点相对于第一类买卖点有几种位置关系。以上涨趋势为例进行分析。

（1）第二类买点的位置高于第一类买点，即高于前趋势的最低点。这种情况的走势力度正好，不强不弱。

（2）第二类买点的位置低于第一类买点。这种情况的走势力度较弱，后续形成下跌盘整的可能性比较大。

（3）第一类买点之后的第一个次级别上升突破前一个下跌趋势的最后一个中枢的高点，后续回调不再进入最后中枢。这种情况的走势的力度是最强的。

4. 从组合类型的角度分析

从走势类型组合的角度看，从出现第一类买卖点到出现第二类买卖点要经过两个次级别走势类型。以上涨为例，这两个次级别走势类型的组合可能有 3 种：上涨 + 盘整、上涨 + 下跌、盘整 + 下跌。

（1）如果第一类买点之后的走势类型是盘整，则该走势较弱。

（2）如果是上涨，即当第 2 个走势类型以盘整的方式完成，其后的走势力度通常最强。

（3）如果是以下跌的方式进行，则其后的走势力度会比较弱。

7.2.1　第二类买点解析

由上述内容可知，第二类买点是由第一类买点派生而来的，出现在第一类买点之后。

缠论中给出了第二类买点的定义，即在某个级别中，第一类买点的级别走势上涨后，再次下跌的那个次级别走势的结束点就是第二类买点。

形态解析

（1）如图 7-10 所示，在 "a+A+b+B+c" 中，下跌趋势的背驰点处出现了第一类买点，如图 7-10 中标注所示;之后在底部反弹，随即回落，形成了图 7-10 中标注的第二类买点。由第一类买点与第二类买点的关系可知，第二类买点出现在第一类买点之后。

（2）将理论与图 7-10 相结合，总结出形成第二类买点的条件：第二类买点出现在第一类买点之后，并且跌破中枢，走势结束。

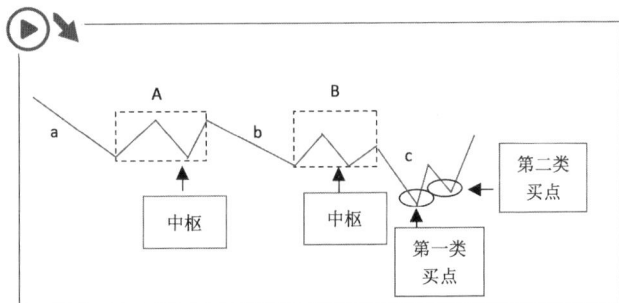

图7-10　第二类买点

下面以图7-11所示的神州易桥日K线图为例进行分析。

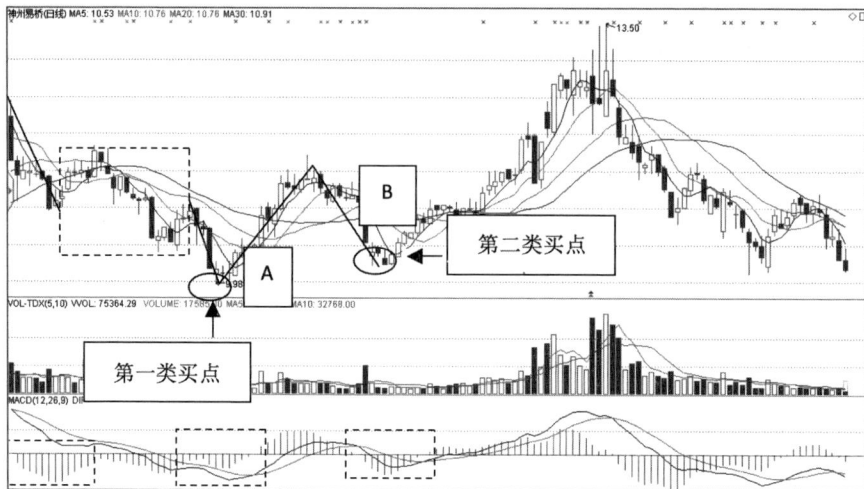

图7-11　神州易桥日K线图

操作提示1：图7-11所示，股价处在下跌的过程中，在A处形成第一类买点，之后出现反弹，但随即出现了次级别的回调，在回调的低点B处形成第二类买点。

操作提示2：从MACD指标中可以看出，DIF线在第一类买点处达到最低点，在左边的椭圆处形成第一类买点，但随后上升，出现买入信号；在第一类买点形成之后，股价触底反弹，形成次级别的上升，随即回落，在右边的椭圆处形成第二类买点；图7-11中，在左边椭圆处的第一类买点以及右边椭圆处的第二类买点处，投资者可选择建仓。

操作提示3：根据缠论，第二类买点是和第一类买点紧密相连的；图7-11中出现第一类买点后，紧接着出现上涨的走势类型，而之后的第2段次级别走势低点构成了第二类买点，根据走势终完美的原则，其后必然有第3段向上的次级别走势出现，在第2段次级别走势之后，出现股价最高点，因此第二类买点也是安全的。

7.2.2 第二类卖点解析

和第二类买点的形成一样，第二类卖点也是由第一类卖点派生而来的，出现在第一类卖点之后。

缠论中给出了第二类卖点的定义，即在某个级别中，第一类卖点的级别走势下跌后，再次上涨的那个次级别走势的结束点就是第二类卖点。

形态解析

（1）如图7-12所示，在"a+A+b+B+c"中，上涨趋势的背驰点处出现了第一类卖点，即图7-12左边椭圆处的卖点；之后股价见顶回落，随即反弹上涨，形成了图7-12右边椭圆处的第二类卖点。由第一类卖点与第二类卖点的关系可知，第二类卖点出现在第一类卖点之后。

（2）将理论与图7-12相结合，总结出形成第二类卖点的条件：第二类卖点出现在第一类卖点之后，并且上涨突破中枢，走势结束。

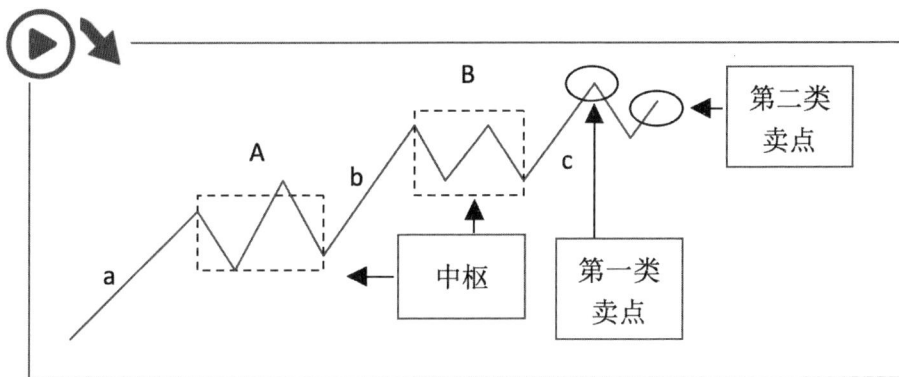

图7-12　第二类卖点

下面以图 7-13 所示的泰山石油日 K 线图为例进行分析。

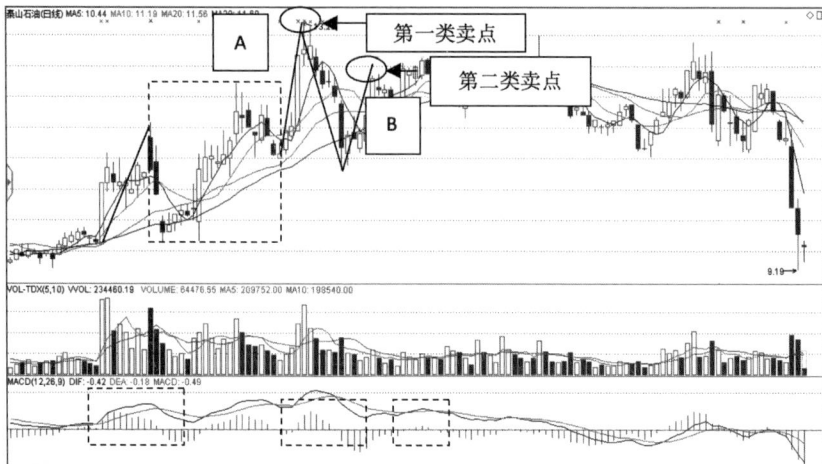

图7-13　泰山石油日K线图

操作提示 1： 如图 7-13 所示，股市处在上升的过程中，在 A 处形成第一类卖点。

操作提示 2： 从 MACD 指标中可以看出，DIF 线在第一类卖点处达到高点，但随后下跌，跌破 DEA 线，出现卖出信号。股价下跌至低点为次级别的下跌，随后出现次级别的反弹，反弹过程中形成的高点也就是在图 7-13 右边椭圆处形成的第二类卖点。

7.3 / 第三类买卖点

在某级别的中枢震荡过程中，如果一个次级别走势类型突破该区间，其后的第 2 个次级别走势类型不再进入中枢区间，那么第 2 个走势类型的极限点就为第三类买卖点。

第三类买卖点定理：一个次级别走势类型向上离开走势中枢，然后以一个次级别走势类型回试，其低点不跌破ZG，则构成第三类买点；一个次级别走势类型向下离开走势中枢，然后以一个次级别走势类型回抽，其高点不升破ZD，则构成第三类卖点。

——缠中说禅教你炒股票20课

关于第三类买卖点，可从图7-14所示的3种角度进行分析。

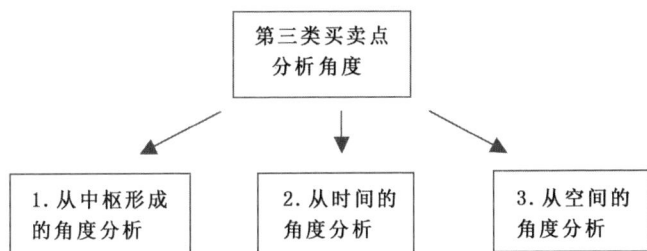

图7-14 第三类买卖点的3种分析角度

1. 从中枢形成的角度分析

从中枢形成的角度来看，第三类买卖点的出现代表中枢结束。第三类买点意味着次级别走势类型向上突破中枢，其后的回调不再回到中枢区间；第三类卖点意味着次级别走势类型向下跌破中枢，其后的回抽不再回到中枢区间。

2. 从时间的角度分析

从时间的角度来看，在同级别趋势中，第一类、第二类、第三类买卖点必然是按照顺序形成的。

以买点为例，第一类买点意味着前一个下跌结束，第二类买点代表新走势类型的第1个中枢开始，第三类买点代表新趋势的第1个中枢结束。第二类、第三类买卖点之间是中枢震荡，此时，没有该级别对应的买卖点。

3. 从空间的角度分析

从空间的角度来看，在同级别趋势中，第一类买点与第二类买点是相继出现的，因此不产生重合。第一类买点与第三类买点，一个在中枢之下，一个在中枢之上，因此也不产生重合。

第二类买点与第三类买点是有可能重合的，即第 1 个次级别上涨突破前一个下跌趋势中最后一个中枢的高点，其后次级别回调不再回到原中枢。其后的走势力度非常之强。同时，股市中一个趋势确定之后，不可能再出现第一类买卖点与第二类买卖点，只可能出现第三类买卖点。

7.3.1 第三类买点解析

由上述内容可知，第三类买点是在第一类买点形成后出现的。

缠论中给出了第三类买点的定义，即第三类买点是在第一类买点形成后，某一次级别走势向上脱离中枢的区间范围，然后出现次级别回试，但是低点没有突破 ZG 而形成的。

第三类买点，是由第一类买点派生而来的，出现在第一类买点之后。

形态解析

（1）如图 7-15 所示，在"a+A+b+B+c"中，下跌趋势的背驰点处出现了第一类买点，即图 7-15 中左边椭圆处的买点。之后在底部反弹，随即回落，形成了走势中间的椭圆处的低点，此低点就是第二类买点。走势没有结束，随后，次级别走势向上脱离中枢，以一个次级别走势回试，没有突破横线处的 ZG，形成第三类买点。

（2）将理论与图 7-15 相结合，总结出形成第三类买点的条件：第三类买点出现在第一类买点之后，并且不跌破 ZG，走势结束。

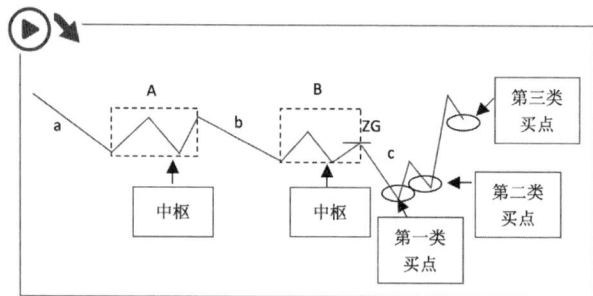

图7-15 第三类买点（1）

形态解析

（1）如图7-16所示，在"a+A+b+B+c"中，下跌趋势的背驰点处出现了第一类买点，即图7-16中左边椭圆处的买点。第一类买点形成之后，一个次级别的走势向上脱离中枢，接着以一个次级别走势回试，回试的低点，也就是图7-16右边椭圆处的点，为第三类买点。

（2）投资者需要注意，由第三类买点的定义可知，第三类买点出现在第一类买点之后，即必须有第一类买点，才会形成第三类买点，但是不代表必须有第二类买点。

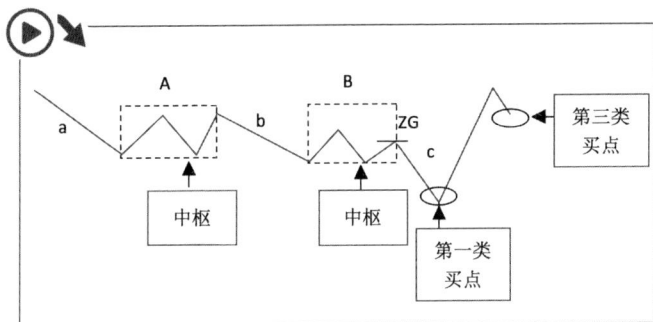

图7-16　第三类买点（2）

下面以图7-17所示的东方电子日K线图为例进行分析。

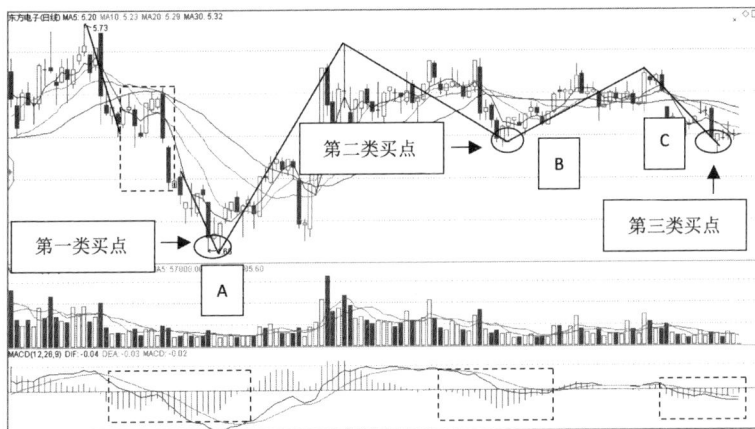

图7-17　东方电子日K线图

操作提示1：如图7-17所示，股价在A处构成底背驰，形成第一类买点；之后股价开始出现反弹，为次级别的上涨，随后出现次级别的回试，在回试的低点处，即椭圆B处形成第二类买点。

操作提示2：在第一类买点和第二类买点形成之后，股价以一个次级别走势类型回试，未能形成右边椭圆C处的第三类买点。

操作提示3：观察图7-17的走势可发现，买点总是在下跌过程中出现。

7.3.2　第三类卖点解析

第一类卖点形成之后，若某个次级别走势向下离开走势中枢，其后以一个次级别走势回抽，高点不进入中枢区间，则形成第三类卖点。

形态解析

（1）如图7-18所示，在"a+A+b+B+c"中，上涨趋势的背驰点处出现了第一类卖点，如图7-18中左边椭圆处的卖点。之后见顶回落，随即反弹上涨，形成了走势中间椭圆处的高点，也就是第二类卖点。走势没有结束，随后，次级别走势向下脱离中枢，以一个次级别走势回抽，没有突破横线处的ZD，形成第三类卖点。

（2）将理论与图7-18相结合，总结出形成第三类卖点的条件：第三类卖点出现在第一类卖点之后，并且上涨不突破ZD，走势结束。

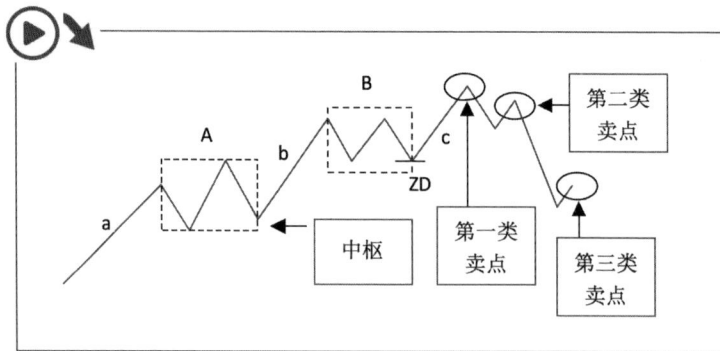

图7-18　第三类卖点（1）

形态解析

（1）如图 7-19 所示，在"a+A+b+B+c"中，上涨趋势的背驰点处出现了第一类卖点，如图 7-19 中左边椭圆处的卖点。在第一类卖点形成之后，一个次级别走势向下脱离中枢，接着以一个次级别走势类型回抽，但是回抽没能突破中枢的边缘 ZD，回抽的高点，即右边椭圆形处的高点位于中枢的下方，形成了第三类卖点。

（2）观察图 7-19 可以发现，第三类卖点可直接在第一类卖点形成后形成。

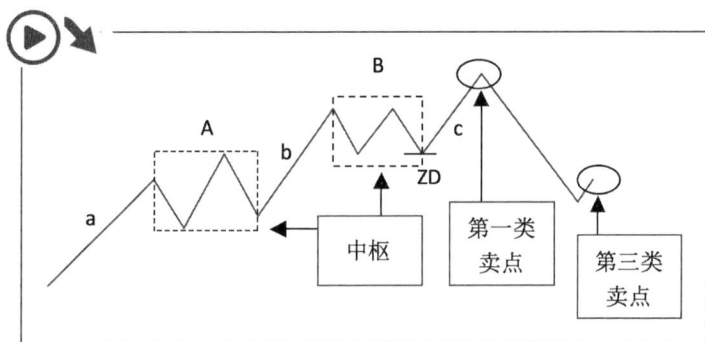

图7-19　第三类卖点（2）

下面以图 7-20 所示的华联股份日 K 线图为例进行分析。

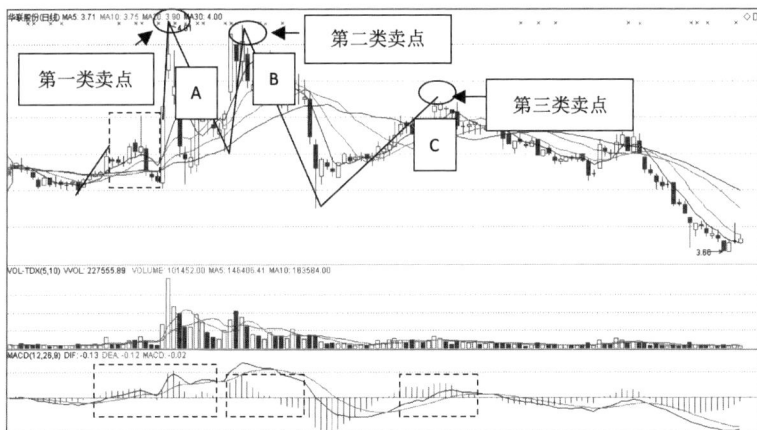

图7-20　华联股份日K线图

操作提示1：如图7-20所示，股市在A处构成顶背驰，形成第一类卖点；之后股价开始出现回调，为次级别的下跌，随后出现次级别的上涨，在上涨中的高点处，即椭圆B处形成第二类卖点。

操作提示2：在第一类卖点和第二类卖点形成之后，一个次级别走势脱离中枢，并以一个次级别走势类型回抽，但未能突破ZD，从而形成右边椭圆C处的第三类卖点。

操作提示3：观察图7-20的走势可以发现，卖点总是在上涨的过程中出现。

7.4 / 3类买卖点的完备性

3类买卖点都是较为安全的买卖点，一旦出现，股市很有可能会发生转折。

由前面关于中枢的分析可知，走势中的任何一个点，都必然面临两种可能：走势类型的延续和走势类型的转折。图7-21对走势可能面临的两种形式进行了说明。

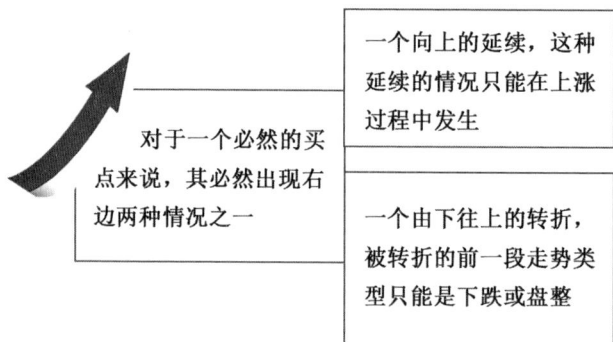

对于一个必然的买点来说，其必然出现右边两种情况之一

一个向上的延续，这种延续的情况只能在上涨过程中发生

一个由下往上的转折，被转折的前一段走势类型只能是下跌或盘整

图7-21　走势可能面临的两种形式

如图7-22所示，我们以买点为例来分析其形成条件。

在上升延续过程中产生的买点的前面必然存在一个中枢

而对于转折来说，无论是下跌还是盘整，买点之前必然有一个走势中枢

所有买点都必然与该级别最靠近的一个中枢相对应

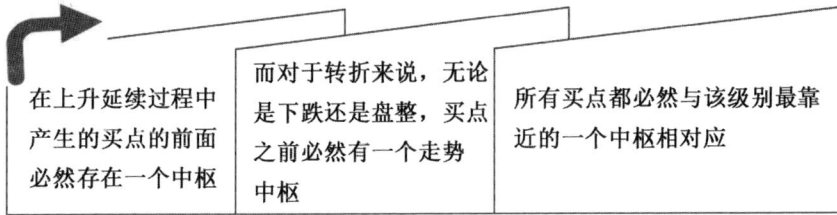

图7-22　买点的形成条件

图 7-23 所示为中枢的 3 种情况。

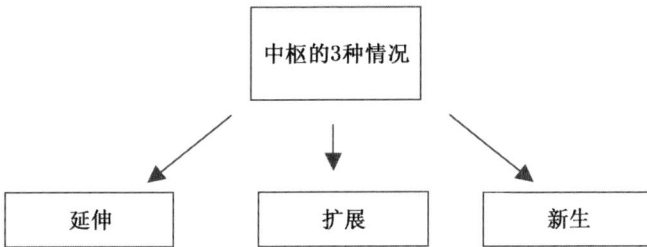

中枢的3种情况

延伸

扩展

新生

图7-23　中枢的3种情况

中枢的 3 种情况的详解如图 7-24 所示。

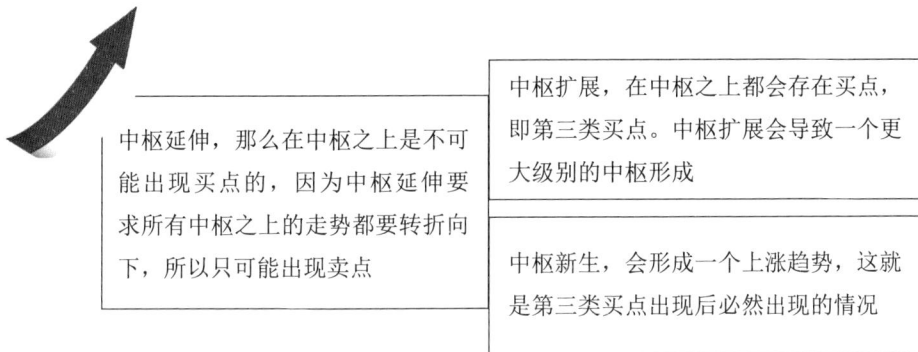

中枢延伸，那么在中枢之上是不可能出现买点的，因为中枢延伸要求所有中枢之上的走势都要转折向下，所以只可能出现卖点

中枢扩展，在中枢之上都会存在买点，即第三类买点。中枢扩展会导致一个更大级别的中枢形成

中枢新生，会形成一个上涨趋势，这就是第三类买点出现后必然出现的情况

图7-24　中枢的形态

对于投资者来说，更大级别的中枢肯定没有一个即将出现的上涨趋势吸引人。但是，有一点可以肯定，只要符合第三类买点的条件并随之进行操作，之后很有可能获利。

关于3类买卖点之间的关系，缠论也分别做了介绍，这里进行汇总分析。以买点为例，3类买点之间的关系如图7-25所示。

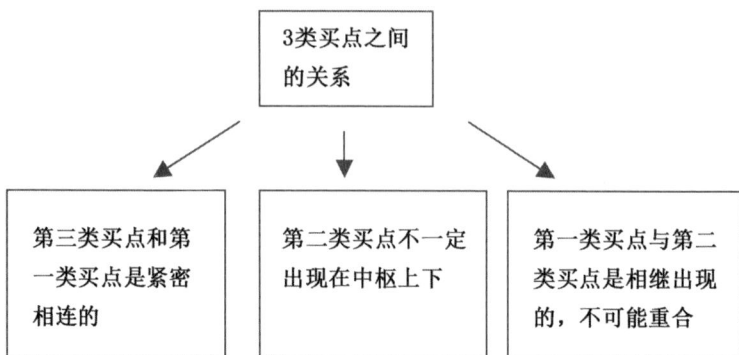

```
          ┌──────────────┐
          │  3类买点之间   │
          │    的关系      │
          └──────────────┘
       ↙          ↓          ↘
┌──────────┐ ┌──────────┐ ┌──────────┐
│第三类买点和第│ │第二类买点不一定│ │第一类买点与第二│
│一类买点是紧密│ │出现在中枢上下 │ │类买点是相继出现│
│  相连的    │ │          │ │的，不可能重合 │
└──────────┘ └──────────┘ └──────────┘
```

图7-25　3类买点间的关系

对于第1种情况，即第三类买点和第一类买点是紧密相连的，是因为出现第一类买点后，必然只会出现盘整与上涨的走势类型。第一类买点出现后的第2段次级别走势低点，会构成第二类买点。根据走势终完美的原则，其后必然有第3段向上的次级别走势出现，因此该买点也是安全的。

对于第2种情况，即第二类买点不一定出现在中枢上下，如果第二类买点在中枢下方出现，其后的力度就值得投资者怀疑了，因为出现中枢扩展的可能性极大；如果在中枢中部出现，中枢扩展与新生的可能性对半；如果在中枢之上出现，则中枢新生出现的概率就很大了。

对于第3种情况，即第一类买点与第二类买点是相继出现的，不可能重合，还要注意第一类买点与第三类买点，一个在中枢之下，一个在中枢之上，也不可能重合。只有第二类买点与第三类买点有可能重合，这种情况就是：第一类买点出现之后，一个次级别走势直接突破前面下跌的最后一个中枢，然后在其上产生一个次级别的回抽且不触及该中枢，这时就会出现第二类买点与第三类买点重合的情况。在实际操作中，一旦出现第二类买点与第三类买点重合的情况，之后往往会出现一个大级别的上涨。

股市中的任何上涨与下跌，都必然从 3 类买卖点中的某一类开始和结束。任何股市的走势完全是由这样的线段构成的：线段的端点是某级别 3 类买卖点中的某一类。

之前说 3 类买卖点都是安全的买卖点，而所谓的安全，需要先选择合适的波动范围，等股市中的买卖点比较明确，再选择进入。但是这个具体的范围是多少，要根据市场强度、走势力度、级别以及个人的风险承受能力来定。

7.5/ 利用K线寻找买卖点

利用 K 线组合来寻找买卖点的注意事项如图 7-26 所示。

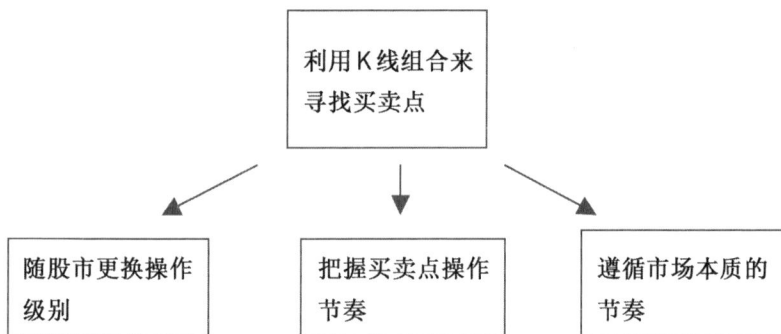

图7-26　利用K线组合来寻找买卖点

下面解析图 7-26 中利用 K 线来寻找买卖点时需要注意的 3 个方面。

（1）随股市更换操作级别。这句话的意思就是，股市中所有的买点都可以当作第一类买点，所有的卖点都可以当作第一类卖点，只是选择的级别不同而已，如图 7-27 所示。

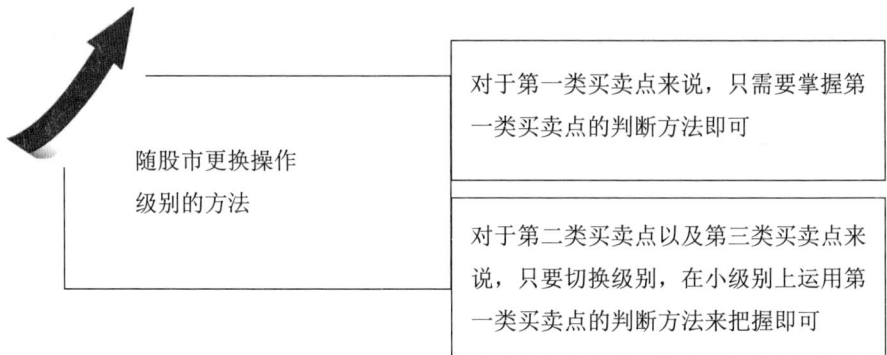

图7-27　随股市更换操作级别的方法

（2）把握买卖点操作节奏。即所有的买点都是在下跌中形成的，所有的卖点都是在上涨中形成的，如图 7-28 所示。

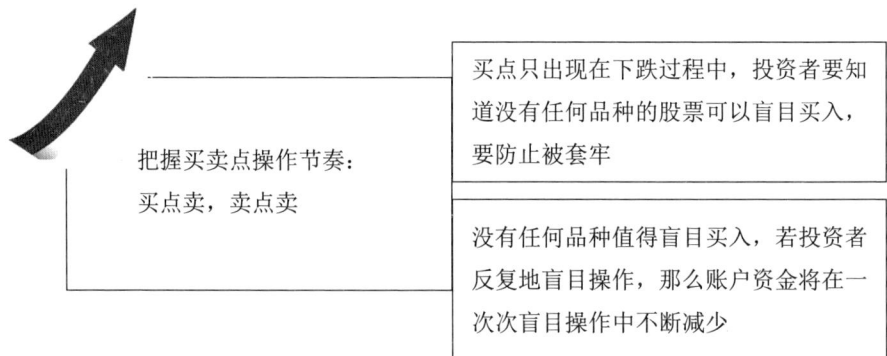

图7-28　把握买卖点操作节奏的方法

这里重申，股市投资中不能盲目。

（3）遵循市场本质的节奏。市场本质的节奏就是投资者在市场中的交易行为，即理智地、合理地选择买点与卖点，莫要过于恐惧与贪婪，如图 7-29 所示。

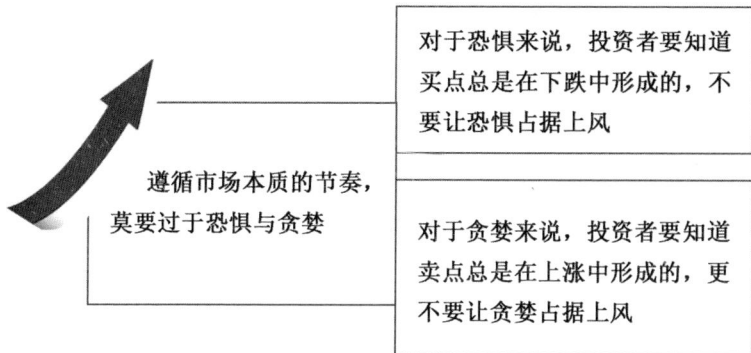

图7-29　遵循市场本质的节奏的方法

以第一类买卖点为例。

对于某级别的第一类买卖点，应当以高一级别的反转K线组合来判断，方法如图7-30所示。

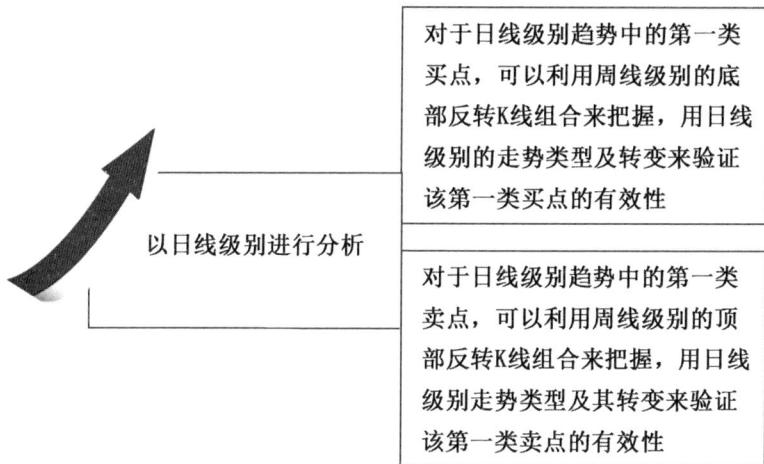

图7-30　判断方法

若第一类买卖点被确定是有效的，则投资者就可以买入或卖出。

若是抄一个日线级别趋势的底部，可不看日线级别的走势图，只看周线级别的走势图，具体操作方法如图7-31所示。

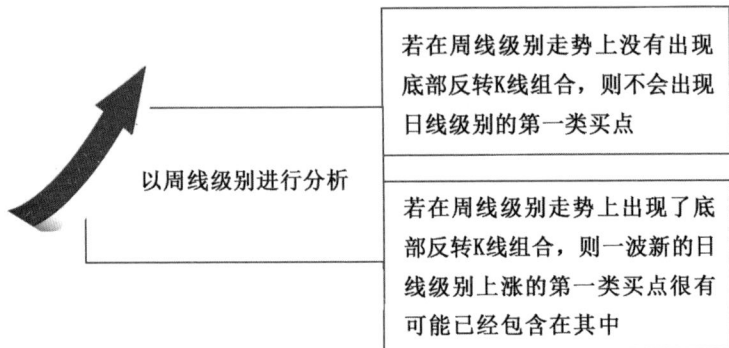

图7-31　操作方法（1）

　　若在周线级别走势上出现了底部反转 K 线组合（底部 K 线组合包含上涨持续形态）的情况，则投资者应该看看前面的日线级别下跌是否出现了明显的走势类型转变，是否出现了明显的背驰或盘整背驰，或者是否出现急跌之后，小级别背驰转化为大级别反弹的情况。如果有，则可确认该日线级别上涨的第一类买点，此时，投资者可以考虑买入。

　　利用上面的方法来寻找第一类买卖点，可能会出现一个问题，即当包含日线级别的第一类买卖点的周线级别走势，其底部反转 K 线组合力度特别大时，应对该问题的操作方法如图 7-32 所示。

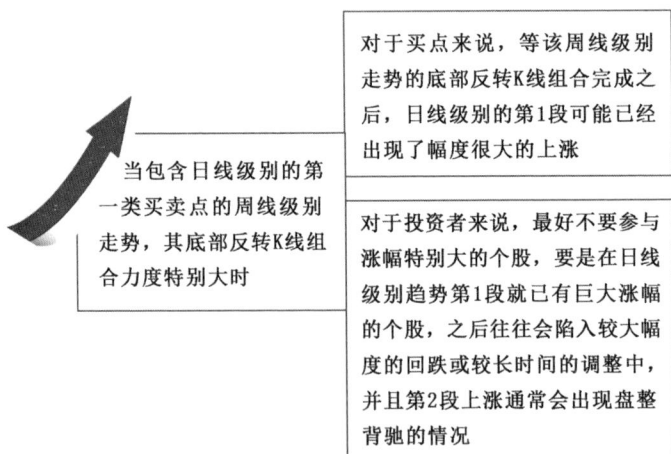

图7-32　操作方法（2）

　　在具体操作中，投资者可选择那种反转力度较强，但是第 1 段上涨幅度不是特别大的个股。理论上，对于第 1 段上涨幅度不是特别大的个股，大多数情况下，第二类买点距离真正的底部不会太远。

第8章
缠论解读市场主力克星

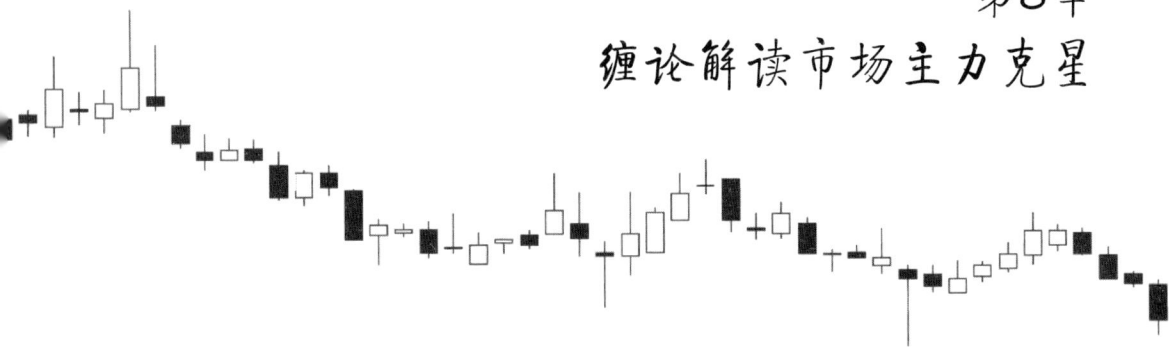

本/章/导/读

　　本章摘选了其中几课进行解析，以飨读者。这几课分别为："教你炒股票75 ——逗市场主力玩的一些杂史1"、"教你炒股票76 ——逗市场主力玩的一些杂史2"、"教你炒股票87 ——逗市场主力玩的一些杂史3"。

　　虽然缠师在每一课之前都反复强调这些内容是其胡言乱语的，并且让读者就当笑话看。但是，将这3课内容连起来阅读，也会发现缠师讲的内容非但不是胡言乱语，反而道理深邃，值得我们细细品味。

　　本章将解析这3课的内容，希望能给读者介绍一些浅显的知识。

8.1 / 与市场主力角逐

走势是由合力构成的，但各分力后面都是真实的、有思想的、有感情的人。

市场上存在的一些资金是可以影响最终的合力的。在实际操作中，资金量当然很重要，但更重要的是技巧。有时候，少量资金制造的影响，比巨额资金都大。图 8-1 解释了操作与资金量的关系。

图8-1　操作与资金量的关系

而个股操作会对合力产生影响的，无非有两类资金，一种是市场主力的资金，另外一种是和市场主力角逐的投资者的资金。

很多人认为市场主力很厉害，不可否认有不少所谓的市场主力成功过，但有更多的市场主力失败了，失败的市场主力比最终成功的多得多。市场主力失败有很多种原因，其中一种很常见的，就是被市场主力的角逐者击败。

缠师总结了角逐者"吃定"市场主力的 3 种方式，如图 8-2 所示。

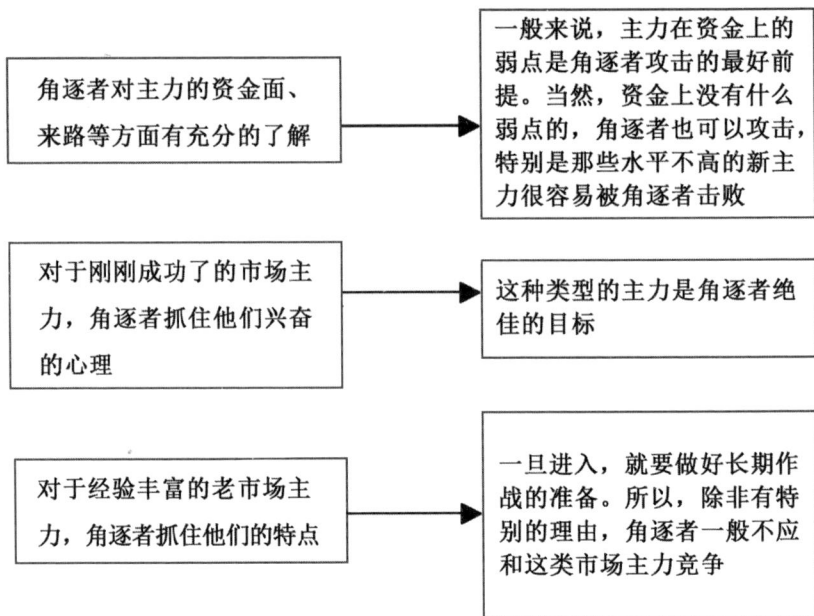

角逐者对主力的资金面、来路等方面有充分的了解 → 一般来说，主力在资金上的弱点是角逐者攻击的最好前提。当然，资金上没有什么弱点的，角逐者也可以攻击，特别是那些水平不高的新主力很容易被角逐者击败

对于刚刚成功了的市场主力，角逐者抓住他们兴奋的心理 → 这种类型的主力是角逐者绝佳的目标

对于经验丰富的老市场主力，角逐者抓住他们的特点 → 一旦进入，就要做好长期作战的准备。所以，除非有特别的理由，角逐者一般不应和这类市场主力竞争

图8-2　"吃定"市场主力的方式

以上3种方式，新进入股市的投资者最好不要尝试，而有经验的投资者，有信心、有资金的可以尝试，但还是要"谨慎加谨慎"。

8.2 / 操作手法

股市中的技术只是其中一方面。只有投资者的视角更全面，才会有更大的成就。

股票是公开的，谁都可以买卖，这就是其复杂性的来源。如果投资者技术过关，那么可能就算只拥有流通量的5%，也能"击败"一个有50%流通量的市场主力。

缠论中说，击败市场主力，归根结底有两种方式，如图8-3所示。

图8-3　击败市场主力的两种方式

为什么能在时间上击败市场主力？见图 8-4。

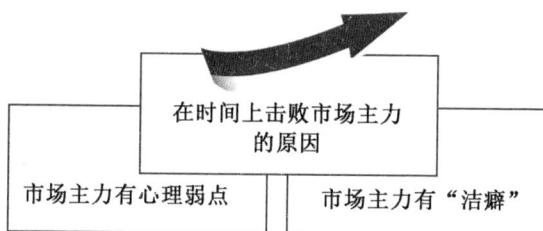

图8-4　在时间上击败市场主力的两种原因

有"洁癖"的市场主力总是希望自己的操作很完整、很彻底，这种人最容易被击败。你只要不断在里面折腾，让他感觉到里面的人和筹码都特别乱，那么这些主力就会继续操作。很多市场主力，就是因为"洁癖"严重而吃了大亏，特别是那些经验不足、资金实力又有限的市场主力。如图 8-5 所示的内容阐述了影响市场主力的方法。

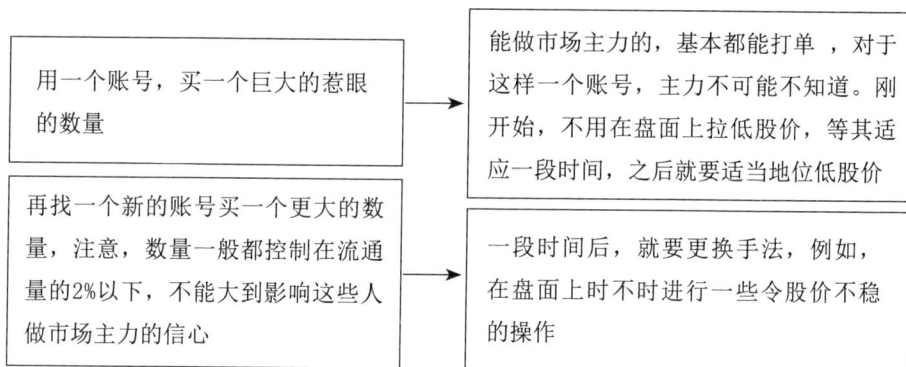

图8-5　影响市场主力的方法

注意，不是光"砸"光买就可以。市场主力"砸"的时候，就要敢接，拉的时候就要敢给。但那几个惹眼的账号是不能动的，要让主力摸不清水的深浅。关于阻击的力度的选择，如图8-6所示。

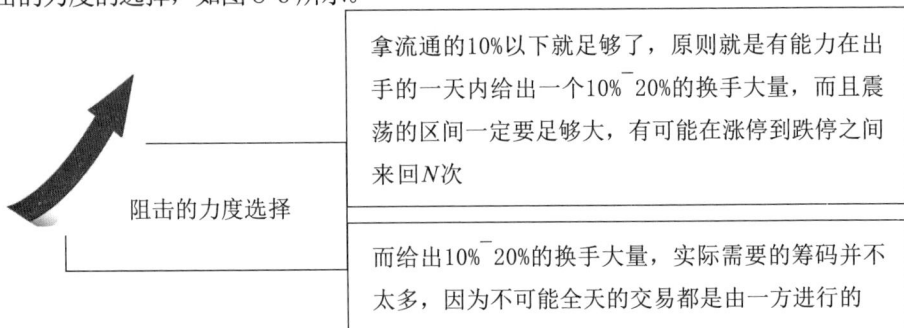

拿流通的10%以下就足够了，原则就是有能力在出手的一天内给出一个10%~20%的换手大量，而且震荡的区间一定要足够大，有可能在涨停到跌停之间来回N次

阻击的力度选择

而给出10%~20%的换手大量，实际需要的筹码并不太多，因为不可能全天的交易都是由一方进行的

图8-6　阻击的力度选择

值得注意的是，这种操作一定是在底部或相对底部的位置，最好就在市场主力成本的附近，这样操作的难度就会小得多。如果市场主力被你惹恼了，要撤了，那你一定不能让他顺利出去。只要你能让他亏钱，就是成功。而且在日常的操作中，一定要通过各类手段垫高其成本。图8-7列举了3种"折腾"市场主力的手法。

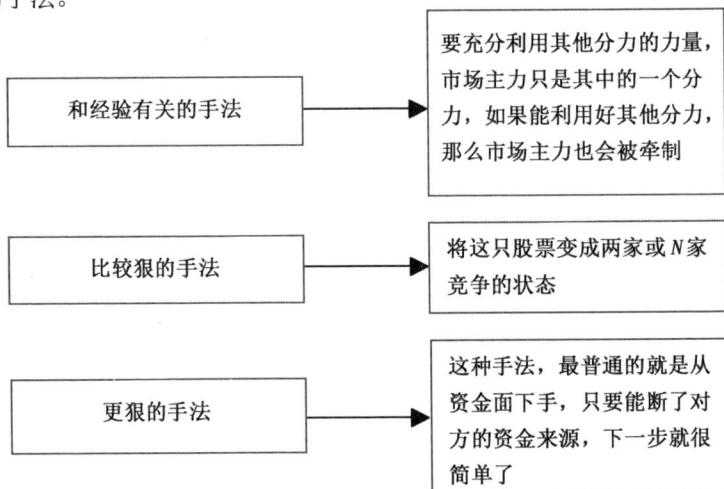

和经验有关的手法

要充分利用其他分力的力量，市场主力只是其中的一个分力，如果能利用好其他分力，那么市场主力也会被牵制

比较狠的手法

将这只股票变成两家或N家竞争的状态

更狠的手法

这种手法，最普通的就是从资金面下手，只要能断了对方的资金来源，下一步就很简单了

图8-7　"折腾"市场主力的手法

最狠的手法就有些蛮横了：或者你亏钱走，或者送钱给大家，否则大家就会胶着着。市场主力比你拿得多，耗费的资金多，而且他的资金来源可能不稳定，这样折腾，大部分市场主力可能都吃不消。

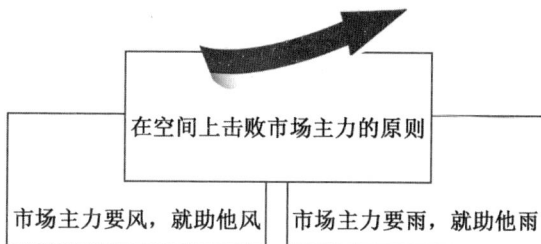

图8-8 在空间上击败市场主力的原则

在空间上击败市场主力，就是另一种手法了，其原则如图8-8所示。

具体的步骤如图8-9所示。

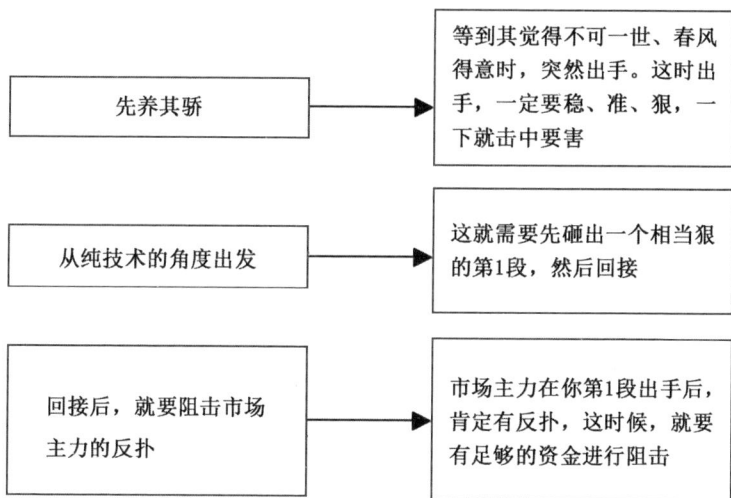

图8-9 在空间上击败市场主力的步骤

在第2个阶段中，出手的位置很关键，若是太低，则没有杀伤力；若是太高，则又太晚。因此出手的时机决定成败，这受到经验、判断、技术等很多因素的影响。

在第3个阶段中，可以利用股票的一个好处，就是只要有资金，马上就可以购买，必须利用好这一特性，控制好阻击的节奏、能量。

除了以上两点，还有一点一定要注意，第 1 段后只能回接个人投资者的筹码，不能接市场主力的抛盘。因为你先出手，如果市场主力也跟着砸，你就必须更狠地跟下去。最好直接形成一个"V"形反转，一旦出现此种状况，就不用阻击了。若是以后有机会，可再将其一举拿下。

8.3 / 底部操作手法

如何在底部吸进筹码？

缠论中说：如果是吸进筹码，无所谓底部。只要有筹码、有资金、有足够的时间，什么成本拿的货，都可以摊下来。特别是那些对走势有足够影响的分力，后面各级别的顶是自己的，底是自己的，差价也是自己的。

很多市场主力最后失败的原因就是没有成本概念。其实，大多数市场主力都还是存在个人投资者的心态，见到市值抬升就晕头，却忘记了股票只是一个凭证，一个吸进筹码的凭证，能把筹码吸到手才是真本事。

市场主力不断降低持股成本，如图 8-10 所示。

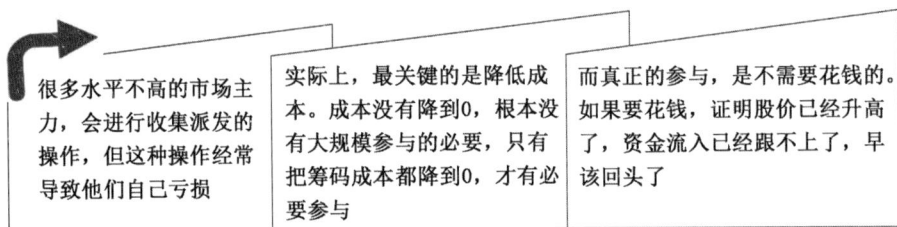

很多水平不高的市场主力，会进行收集派发的操作，但这种操作经常导致他们自己亏损 → 实际上，最关键的是降低成本。成本没有降到0，根本没有大规模参与的必要，只有把筹码成本都降到0，才有必要参与 → 而真正的参与，是不需要花钱的。如果要花钱，证明股价已经升高了，资金流入已经跟不上了，早该回头了

图8-10　主力没有成本概念的事例

值得注意的是，早一天和晚一天，就是两重天地，而这种时机的把握需要的是经验、悟性和感觉。但控制成本的手法也是十分重要的，如图 8-11 所示。

基本的零成本筹码，经过反复操作都会变成负数

满手都是负成本的筹码，再进行大甩卖，这才是较为安全的方法

在这里，甩卖不一定是"跳楼"甩卖，还可以是跳高甩卖，甚至是批发等，有很多手法

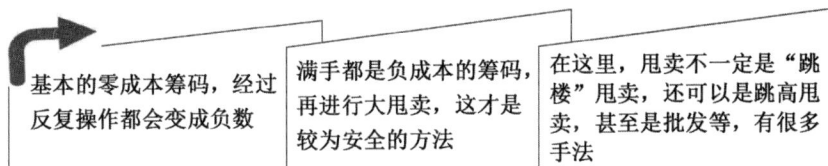

图8-11　控制成本的手法

要进行这样的操作，有一个前提，就是要有基本的筹码，当然这个筹码可以"抢"回来。

最直接的"抢回来"的方法就是在最低的位置吸入全部筹码。

关于如何能"在最低的位置把该拿的全拿了"，缠论中还有一个事例。

在操作之前，"老鼠仓"就已经抢起来了，因此应按照图 8-12 所示的要求进行操作。

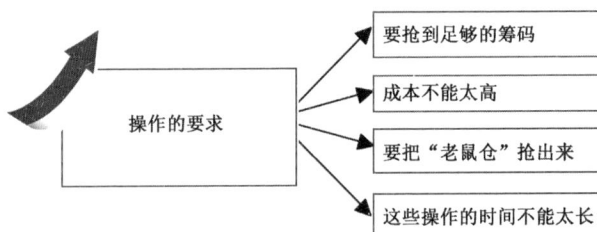

操作的要求

- 要抢到足够的筹码
- 成本不能太高
- 要把"老鼠仓"抢出来
- 这些操作的时间不能太长

图8-12　操作的要求

具体的操作步骤如下。

第 1 天的操作方式如图 8-13 和图 8-14 所示。

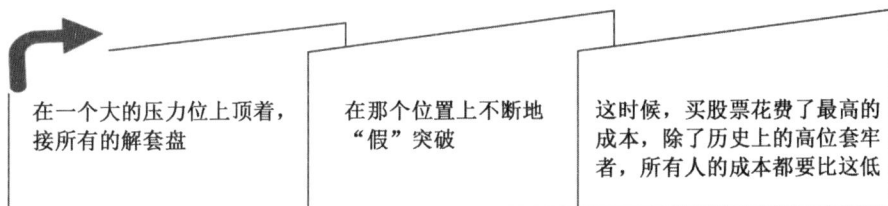

在一个大的压力位上顶着，接所有的解套盘

在那个位置上不断地"假"突破

这时候，买股票花费了最高的成本，除了历史上的高位套牢者，所有人的成本都要比这低

图8-13　第1天的操作方式（1）

这里要说明的是："老鼠仓"及以下级别的都是不会接解套盘的；"假"突

破的时候，一般在强压力位上，普通人不会拼命冲关，而不断地"假"突破，就会让所有技术派的人都把筹码交出来。

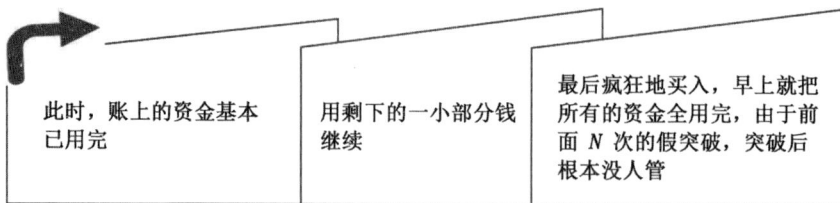

图8-14　第1天的操作方式（2）

下午就需要平仓了。开始进行平仓行动，股价急速下降，早上买的，亏损着全抛出去，结束一天悲惨的交易。价格也跌破了前面一直坚持的平台。

第2天和第3天的时候，所有的"老鼠仓"和所有知道消息的人都蜂拥而出。

第4天，依然大幅度低开。因为这时候，在 N 个地方，所有的抛盘都被吸到一个无名的口袋里，所有出逃的人都会庆幸。

第5天，强力的买盘如同地底喷薄而出的岩浆，很突然地，将任何挂出的筹码都买光。其他人都没来得及反应时，就已经没有任何买入的机会了。

第6天依然如此，一开盘，就迅速让其他人失去买入的机会，而前面来不及逃跑的，却依然在抛着。

第7天，价格快回到原来的平台了，但买盘却突然没了，仿佛从来没有买盘出现过，所有人都不知道该怎么办才好。这里给出两种应对买盘消失的策略，如图 8-15 所示。

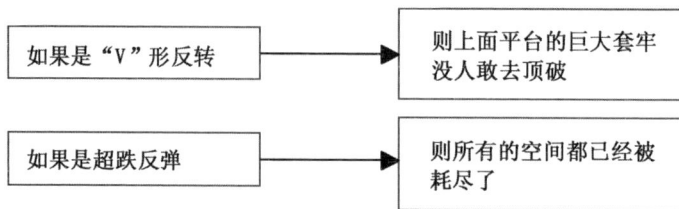

图8-15　应对买盘消失的策略

至此，市场经过一段时间的沉寂后，卖盘再次涌出，没人敢接，但股价却永远也回不到反弹第 2 天的位置。在一个狭窄的空间里，抛掉的人没空间回补，想买的人又怕上面不远的巨大套牢区，以及被可能的超跌反弹假象。但此时股价不跌了，所有的筹码都掉入一个巨大的口袋。

第 8 天，在一个谁都想不到的时刻，股价迅速地脱离上面的套牢区，也就是所谓技术上的巨大压力区，甚至 15 分钟都不到就完成了这一突破。

操作结束。

第9章
学缠终成禅：交易心理解析

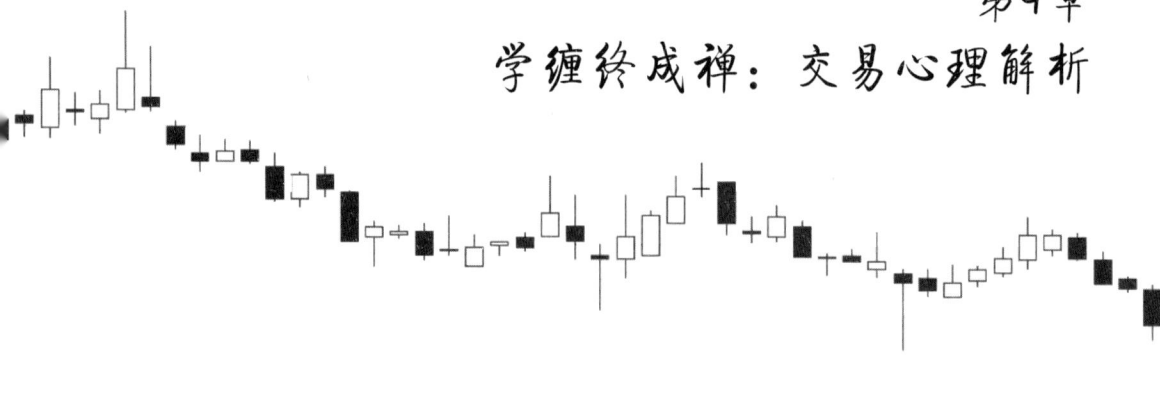

本/章/导/读

　　理性地交易股票，并且按照缠论确认股票走势和股价趋势，从中把握交易机会，获得可观的收益，是我们学习缠论的最终目的。

　　那些抱有博弈心理、股评心理，甚至躁动心理的人，都是不适合在股市中生存下去的。

　　本章将介绍缠论中阐述的几种不适合炒股的心理，为股市新手以及将要炒股的人，提供理论参考。

9.1 / 股市中的博弈心理

股市中的博弈者有他们自己认为正确的运算法则，当现实与他们的期望不符时，他们就会越战越勇，加倍下注，一直提高筹码，希望能一举赚回损失并且加倍盈利，这就是股市中很多博弈者的心理。

9.1.1 博弈者的心理特征

博弈者的心理特征如图 9-1 所示。

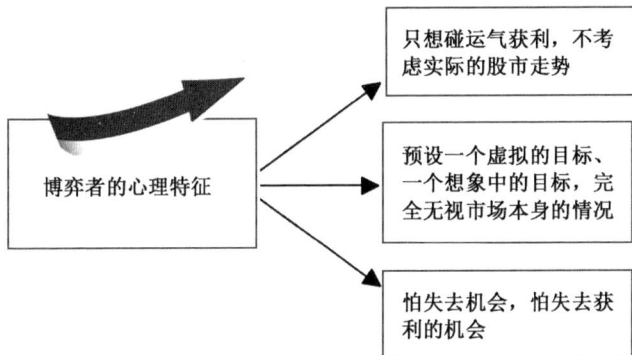

图9-1　博弈者的心理特征

除了图 9-1 所示的特征外，博弈者还会不断地加码，甚至自己都没注意到。

例如，有人亏损了，然后就想，等反弹到多少一定出来，以后不投资了。这其实也是博弈心理。

缠论中也说："在股市中，最大的敌人之一就是博弈心理。博弈，最终的结局就只有一个。如果你以博弈心理参与投资，那你的结局就已经注定。"

是的，投资者在股市中最大的敌人之一就是博弈心理。

9.1.2 博弈的行为

那么博弈心理又导致了什么样的行为呢？博弈的行为如图 9-2 所示。

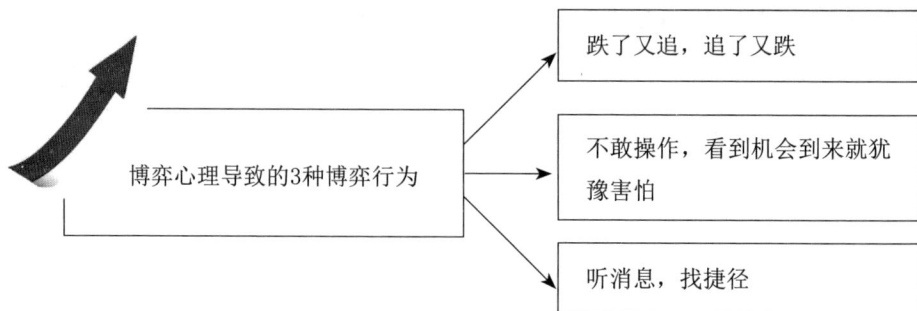

图9-2　博弈的行为

　　博弈行为和博弈心理是影响投资者正常炒股盈利的重要因素，博弈者的这种行为，虽然偶然会带来一两次盈利，但长期用这种行为去操作，最后只会亏损。博弈行为在股市中的表现如图 9-3 所示。

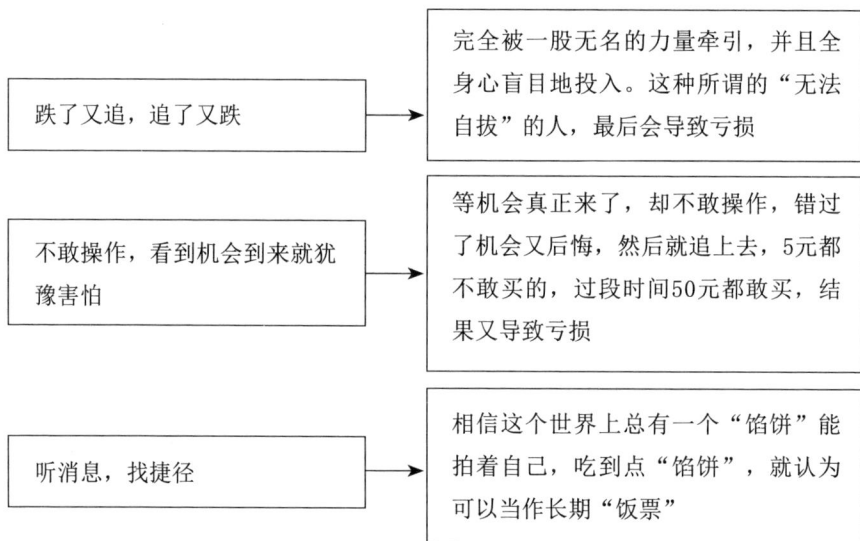

图9-3　博弈行为在股市中的表现

　　缠论中说："市场中真正的成功，都是在严格的操作下获得的。操作失误了没有什么大不了的，市场的机会不断涌现，一个严格的操作程序，足以保证你长期的成功。"而"跌了又追，追了又跌"以及"不敢操作，看到机会到来就害怕"的博弈行为是十分具有代表性的、与缠论中所说的严格操作相反的行为。

9.1.3　拒绝博弈心理

投资者应该理性对待股市，不能抱有博弈心理。

第1种拒绝博弈心理的方式，如图9-4所示。

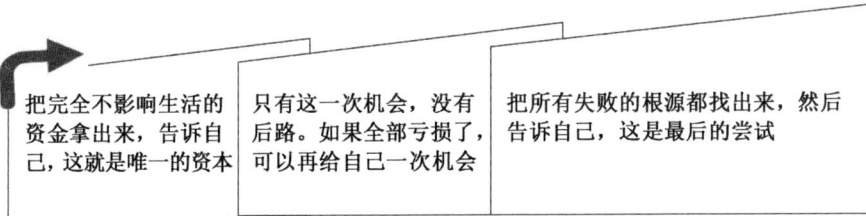

把完全不影响生活的资金拿出来，告诉自己，这就是唯一的资本

只有这一次机会，没有后路。如果全部亏损了，可以再给自己一次机会

把所有失败的根源都找出来，然后告诉自己，这是最后的尝试

图9-4　拒绝博弈心理的方式（1）

第2种拒绝博弈心理的方式，如图9-5所示。

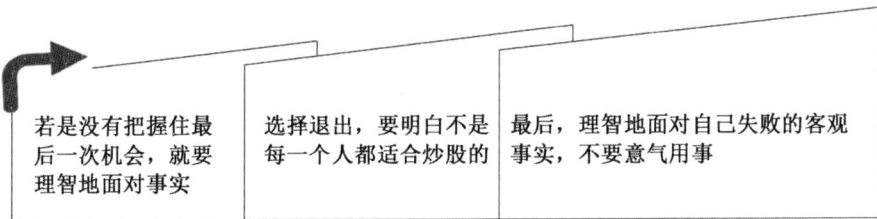

若是没有把握住最后一次机会，就要理智地面对事实

选择退出，要明白不是每一个人都适合炒股的

最后，理智地面对自己失败的客观事实，不要意气用事

图9-5　拒绝博弈心理的方式（2）

第3种拒绝博弈心理的方式，如图9-6所示。

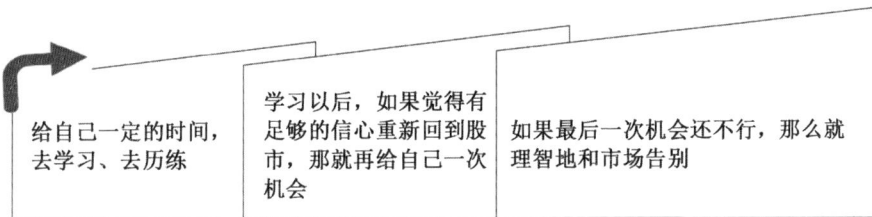

给自己一定的时间，去学习、去历练

学习以后，如果觉得有足够的信心重新回到股市，那就再给自己一次机会

如果最后一次机会还不行，那么就理智地和市场告别

图9-6　拒绝博弈心理的方式（3）

　　股市不是游乐场，投资者一定要理智地对待每一次机会。

　　那么应该如何冷静地分析呢？

　　（1）观察股价走势。

　　在趋势出现时，我们很难揣测股价折返的位置。但是，可以让市场来确认折返位置，当反转走势真正形成时，我们可以确认超短线的交易机会。

　　实际上，我们在行情出现前预测的走势都不是股价真正的走势，都是需要用市场来验证的。要根据真实的价格表现来确认股价的走势。

　　但是在股价回落时，股价下跌趋势会出现如图9-7所示的两种难以预测的股市形态特征。

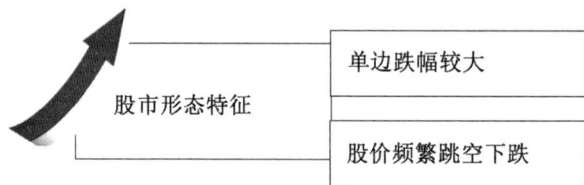

图9-7　难以预测的股市形态特征

　　对于第1种情况，即在确认股价下跌趋势以后，股价在短时间内跌幅较大。同时，我们也很难确认真实的底部。若是没有市场检验股价何时触底，则个人就不能准确地预测和确定。可见，盲目预测股价见底，并且开仓买入股票，是有很高的风险的。

　　对于第2种情况，当确认底部失败以后，股价可能出现数次下跌走势。同时，当跳空下跌成为常态时，我们对底部的预测会更困难。

　　（2）避免全仓操作。在股市中，实际的股价波动通常都在投资者的预期之外，即便是在明显的上升趋势中，也会出现调整的走势。一旦行情出现逆转，在操作上出现失误后难以减仓卖出，还会陷入更大的亏损境地。实际上，股价走势不是投资者能够准确预测的，重仓交易更是不可取的交易策略。

　　通常，在实战当中，投资者买入股票都是为了获得高收益。

而获得高收益有图 9-8 所示的两种方式。

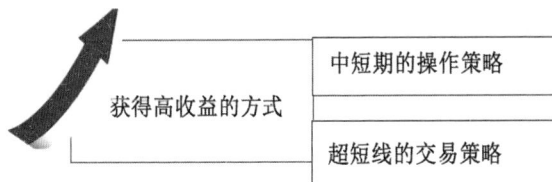

图9-8　获得高收益的两种方式

这两种方式，都是力求在短短一两个月内获得高收益，这样能使投资者以重仓持股的形式快速进入持仓状态。

那么不同情况下的重仓交易会有什么结果呢？如图 9-9 所示。

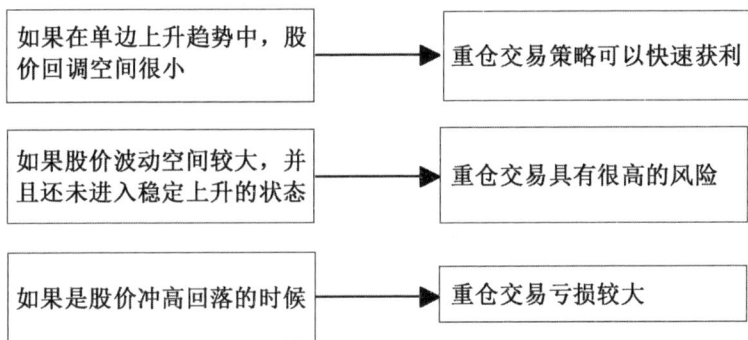

图9-9　不同情况下的重仓交易

在第 3 种，股价冲高回落的时候，重仓交易亏损会较大，但是减仓的话一定会亏损出局；继续持股的话，亏损空间又可能会进一步放大，使得投资者陷入两难的境地。

如果出现全仓操作，股市会有什么样的形态特征呢？全仓操作的形态特征如图 9-10 所示。

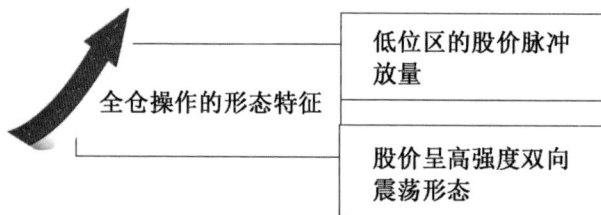

图9-10　全仓操作的形态特征

对于低位区的股价脉冲放量的情况：在股价处于低位区时，我们认为股价继续下跌的空间非常有限；但是，要确认股价能够走强还需要观察到成交量稳定放大，如果是脉冲形式的成交量出现，那股价也很难出现明显的涨幅；这样一来，面对脉冲放量的股价走势，我们不可做重仓交易，否则我们会面临很高的短线回调风险。

对于股价呈高强度双向震荡形态的情况：如果股价在高位高强度震荡，则较容易观察到明显的交易机会；但是，这只是短线的波动提供的盈利点，如果投资者没有足够的耐心持股的话，重仓交易会导致投资者遭受短期亏损出局。

9.2 / 股市中的股评心理

有种现象是很常见的，就是新入市的股民一般都较依赖于股评，无论是报纸上刊载的，还是广播和电视里播放的，基本上是逢股评必听；不仅听，而且照章操作。至于结果，往往不尽如人意，不是被套牢就是踏空。

9.2.1　股评的形式

缠论中曾这样举例："现在说的是这样一种具有可操作性的把戏，不妨假设有一人，在每天的浏览量超过10万的网站或电视上随机地推荐短线的股票，有5%的人会相信并且尝试在第2天开盘半小时内买入，也就是若有5 000人，每人平均的买入量是 2 000 股，也就是有 1 000 万股的买入量。这个买入量，对于绝大多数的股票来说，都足以使该股票因获得了极大的支持而呈现大涨态势。而对于另外 95% 的人来说，有些人因为股价过高而拒绝买入，但至少有一个印象会留下：这股票推荐得真准，在下次荐股中，这就是新的资源。而有一部分胆子大的人，会在更高的价位买入，这样，一个资金的流动输入就产生了，而买入股票后挣钱的，都爱到处"忽悠"，所以，相应人群就会不断增加，直到资金流入与筹码的松动达到平衡。"

如缠论中所说的，很多新入门的投资者都会通过这样的方式来购买股票。

更高级一点的说法如下。

其一，这样一个系统，可改进成组织更严密的系统，其建立过程如图 9-11 所示。

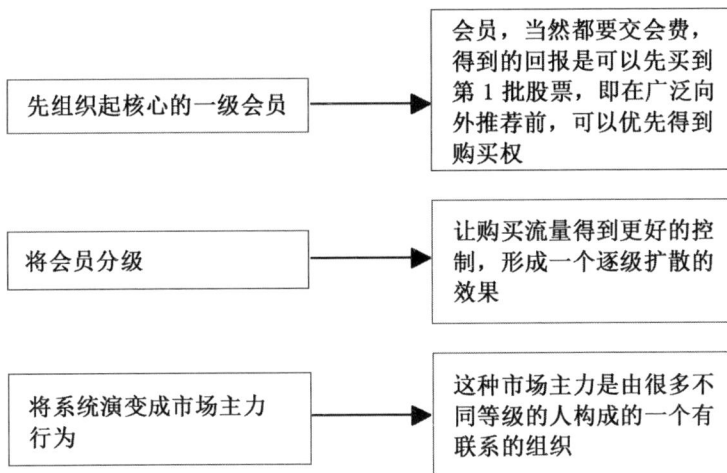

图9-11　系统的建立

将系统演变成市场主力行为，可以支持一个较长时间的操作。这与一般的市场主力相比有一个好处，就是不存在一个人同时使用一大堆账号的监管风险；坏处之一，就是这样一个结构，其稳定性是有问题的，一有困难，就很容易"树倒猢狲散"。

其二，短线系统与长线系统有很大的区别，如图 9-12 所示。

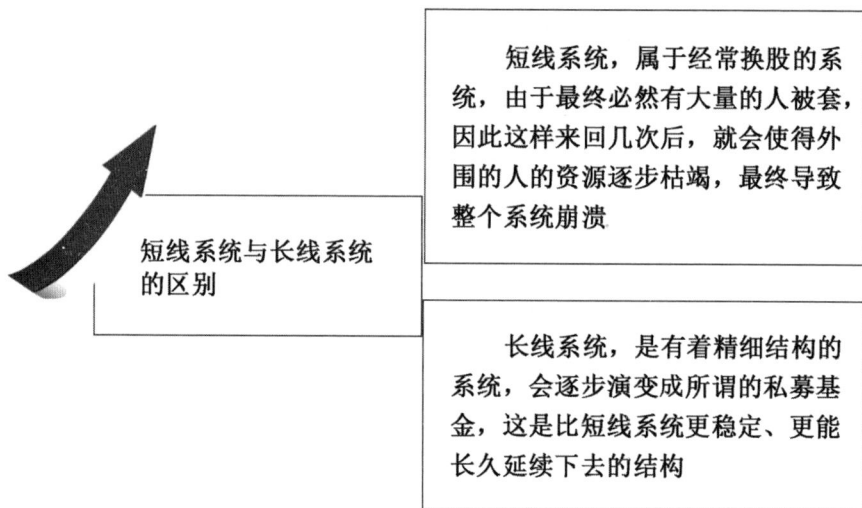

短线系统，属于经常换股的系统，由于最终必然有大量的人被套，因此这样来回几次后，就会使得外围的人的资源逐步枯竭，最终导致整个系统崩溃

短线系统与长线系统的区别

长线系统，是有着精细结构的系统，会逐步演变成所谓的私募基金，这是比短线系统更稳定、更能长久延续下去的结构

图9-12　短线系统与长线系统的区别

其三，如缠论中所说，市场中绝大多数的交易，都是一种无意识的交易。而站在基金等层面上来看，又是另一种交易了，但其因天生的弱点，有许多可攻击的地方。因此，基金会逐步演变成对冲基金或更稳定的合伙制结构，从而使赎回或对风险的承受能力更强，因此有着更高层次的市场生命。

9.2.2　股评的特点

股评具有三大特点，如图 9-13 所示。

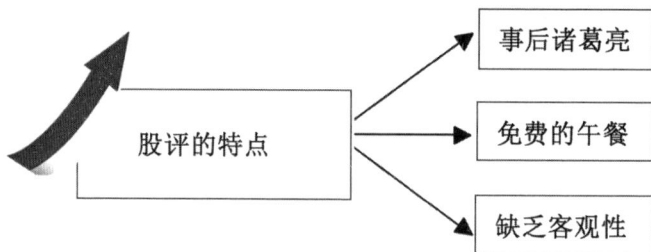

股评的特点

事后诸葛亮

免费的午餐

缺乏客观性

图9-13　股评的三大特点

（1）股评是"事后诸葛亮"。股市变化具有极大的不规律性，股价波动又具有极大的不可预测性，无论是有经验的股民，还是新手，都会希望从别处得到一些规律特征。

但是，在股市中，所有的规律都是事后总结出来的，都是有适用环境的，都是有阶段性或时效性的，绝大部分股评也仅是"事后诸葛亮"而已。

投资者若是足够理智，反过来仔细思考，如果股价的走势真有明显的规律可循，那么掌握规律的人将必定并且永远都是股市的大赢家。

（2）股评是免费的午餐。说到底，我国的股评基本上都是免费的，只要愿意，买张报纸、拨个电话、打开电视机或收音机，就都能看到或听到股评。

但是这些股评的准确性到底如何呢？

股民要清楚的是，股评者与股民并没有什么利益关联，其结论的对与错对股评者自身没有什么约束，股评者也就没有任何义务要为股民提供高质量的咨询服务。因此这种股评的质量可想而知。

（3）股评缺乏客观性。做股评时需要实事求是、客观公正，这就要求股评者不得从股市的涨跌中获得任何利益，否则，其股评就会因某种倾向性而误导股民。

9.2.3　做股评的过程及目的

做股评的过程及目的如图 9-14 所示。

有一些股评者，在多头时也绝不会看好后市，此时股评者会列举种种不利的因素，让股民减仓，从而使得指数下行，便于自己低价吸筹。

当股评者买了某股票后，就会说该股票如何有投资价值和投机价值，不怕涨，更不怕跌，似乎这只股就等于"摇钱树""聚宝盆"

当股评者卖出某股票后，就会论证该股票涨不动、跌得快，成了"扶不起来的阿斗"，谁拿着这只股票就等着亏损吧，该股票马上就要高台跳水了

做股评的过程及目的

当股评者做空时，他绝不会言空，相反他可能会将股市的前景描绘得十分乐观，以鼓励股民踊跃入市，从而抬高股价，便于自己出货

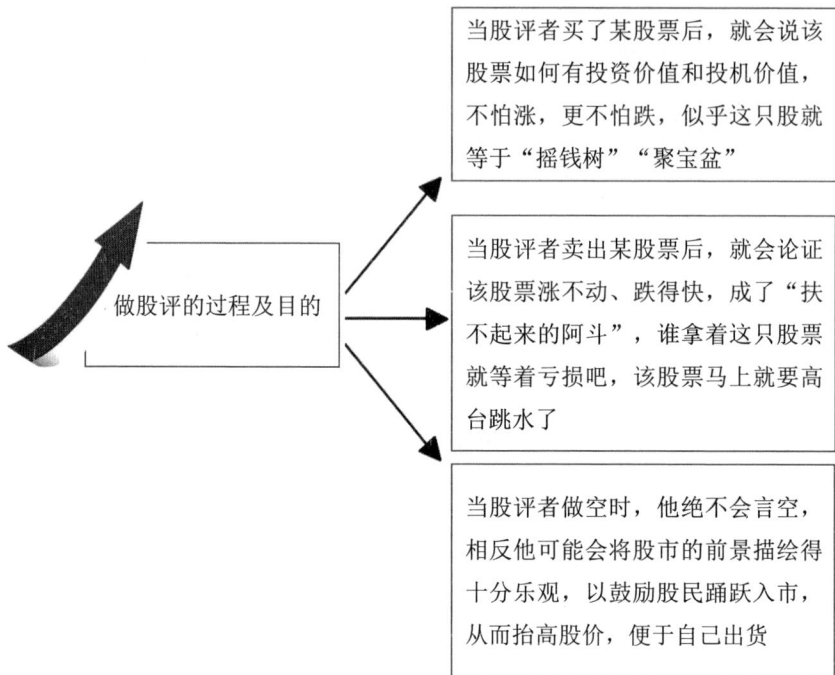

图9-14 做股评的过程及目的

9.2.4 拒绝股评心理

1. 投资者不应听信股评而盲目追涨

在某股走势中，确认股指呈现上升趋势之后，投资者买涨的气势增强。若在股市中，股指位于顶部时，投资者很容易盲目地听信股评提示的股指预期点位，但是对于有经验的投资者来说，这显然是不能犯的错误。

投资者要知道，市场顶部从来都不在预期的范围内，只有在指数涨幅过高时减少持股，才能在行情逆转时主动适应股价趋势的转变。

出现盲目追涨时的股市形态特征如图 9-15 所示。

对于股指振幅增加的情况，在股指大幅上涨以后，如果指数波动空间加大，则说明筹码开始松动，指数随时会出现见顶的信号。

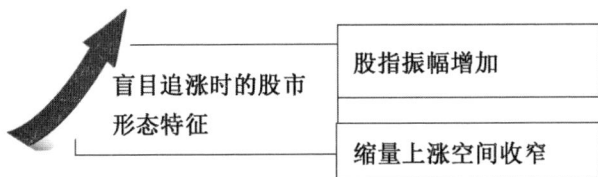

图9-15　盲目追涨时的股市形态特征

对于缩量上涨空间收窄的情况，在成交量萎缩的情况下，如果指数上涨空间收缩，那么见顶迹象会更加明显。同时，在缩量上涨期间，指数继续上涨的潜力很小，见顶回落的走势随时会成为可能。

2. 投资者不应听信股评盲目抄底

当股价处于下跌趋势中时，投资者想要确认底部是很困难的。在个股跌幅扩大之后，投资者更是很难预测短期股价是否会企稳。但是，股市的实际情况就是，在下跌趋势中，股价指数会一跌再跌，不会轻易反弹，更不会在短时间内被拉升到前期高位。

出现盲目抄底时的股市形态特征如图 9-16 所示。

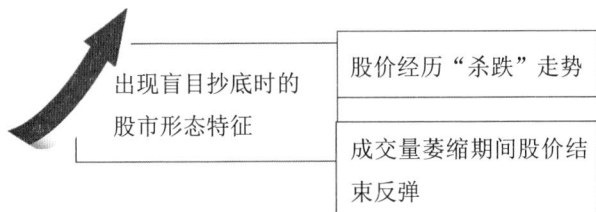

图9-16　出现盲目抄底时的股市形态特征

对于股价经历"杀跌"走势的情况，在股市中，若股价已经经历了明显的"杀跌"走势，就表明股价在短期内很难企稳。随着股价跌幅的不断扩大，缩量下跌趋势会被不断确认。

对于成交量萎缩期间股价结束反弹的情况，在缩量反弹期间，成交量会不断出现萎缩。但是即使有较大的反弹空间，缩量过程中股价还是会结束反弹，重新进入下跌走势。

9.3 / 股市中的躁动心理

投资者的躁动心理，是指投资者无法客观看待股票真实的价格顶部和底部。确认股票中真实的股价顶部和底部又是非常困难的。股市中又不乏存在躁动心理的投资者。

9.3.1 客观看待股价顶部

很多时候，只有主力投资者才会知道股市中真实的股价顶部在哪里。一般的投资者是很难确定股价顶部的。

股价见顶时的股市形态特征如图 9-17 所示。

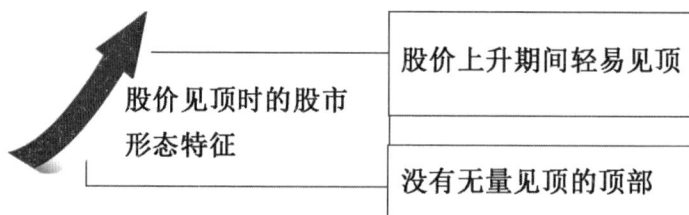

图9-17　股价见顶时的股市形态特征

对于股价上升期间轻易见顶的情况，因为主力投资者资金量大，在采取减仓策略的情况下会明显影响股价的上升趋势。若主力投资者采取高位减仓策略，则股价一定会出现滞涨或反转的情况，这种情况是投资者要提高警惕的。

对于没有无量见顶的顶部，在没有天量出现的情况下，股价也可以形成顶部形态。投资者在实际操作中，遇到股价正常上升期间出现反转走势时，就要提高警惕了，因为这种反转走势的来势很快，是需要投资者关注的减仓信号。

9.3.2 客观看待股价底部

投资者一般很难确认股指何时在股市中触底。只有经过指数真实验证的底部才是真正的底部。在股市中，股价可以跌破一个又一个低点，真实的底部也需要更长的时间来确认。

股价处于底部时的股市形态特征如图 9-18 所示。

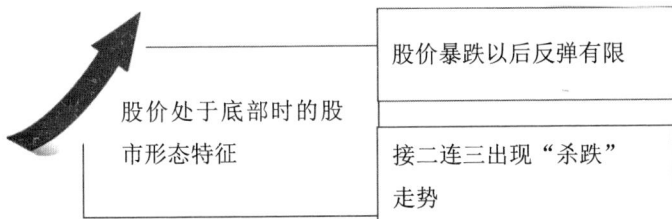

图9-18　股价处于底部时的股市形态特征

对于股价暴跌以后反弹有限的情况，若股指脱离上升趋势，则很难确认大幅下跌以后的真实底部。暴跌以后股指的反弹空间有限，而反弹之后成交量萎缩，指数下跌的趋势可能得到延续。

对于接二连三出现"杀跌"走势的情况，在某只股票的指数暴跌期间，进行短线抄底还是有很大风险的。投资者如果不能客观地看待指数下跌走势，就容易陷入抄底亏损的圈套中。

9.4 / 股市中其他的交易心理

除了博弈心理、股评心理以及躁动心理外，股市中还有存在其他交易心理的投资者，如图 9-19 所示。这 8 种类型的人都是不适合炒股的。下面解析这 8 种类型的交易心理。

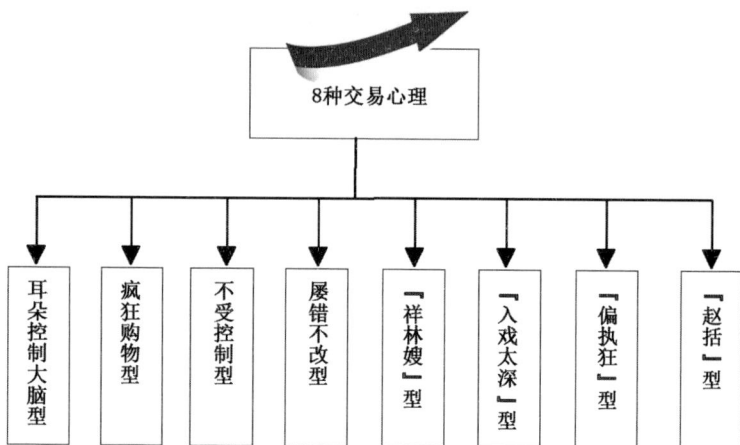

图9-19　8种交易心理

（1）耳朵控制大脑型投资者的特点如图9-20所示。

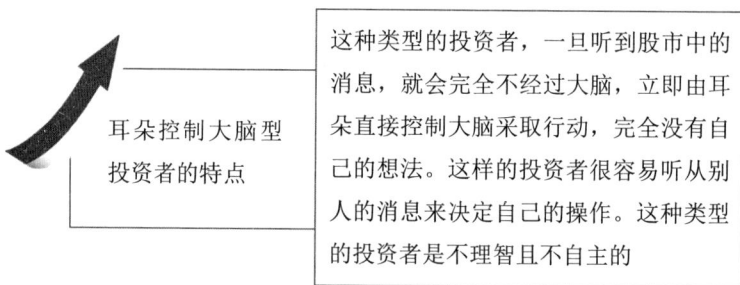

图9-20　耳朵控制大脑型

（2）疯狂购物型投资者的特点如图9-21所示。

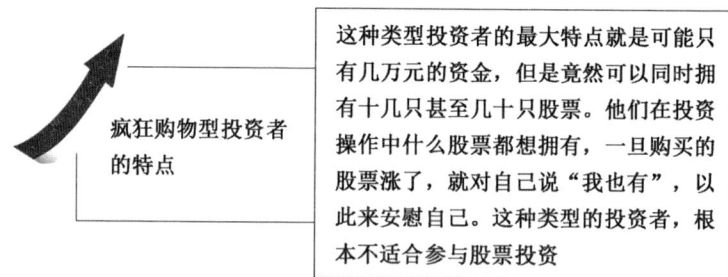

图9-21　疯狂购物型

（3）不受控制型投资者的特点如图 9-22 所示。

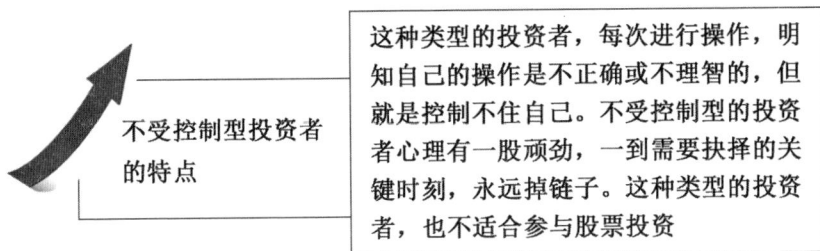

这种类型的投资者，每次进行操作，明知自己的操作是不正确或不理智的，但就是控制不住自己。不受控制型的投资者心理有一股顽劲，一到需要抉择的关键时刻，永远掉链子。这种类型的投资者，也不适合参与股票投资

不受控制型投资者的特点

图9-22　不受控制型

（4）屡错不改型投资者的特点如图 9-23 所示。

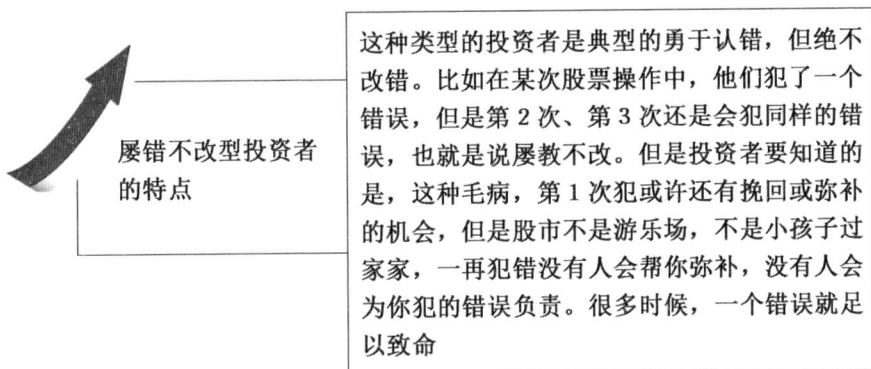

这种类型的投资者是典型的勇于认错，但绝不改错。比如在某次股票操作中，他们犯了一个错误，但是第 2 次、第 3 次还是会犯同样的错误，也就是说屡教不改。但是投资者要知道的是，这种毛病，第 1 次犯或许还有挽回或弥补的机会，但是股市不是游乐场，不是小孩子过家家，一再犯错没有人会帮你弥补，没有人会为你犯的错误负责。很多时候，一个错误就足以致命

屡错不改型投资者的特点

图9-23　屡错不改型

（5）"祥林嫂"型投资者的特点如图 9-24 所示。

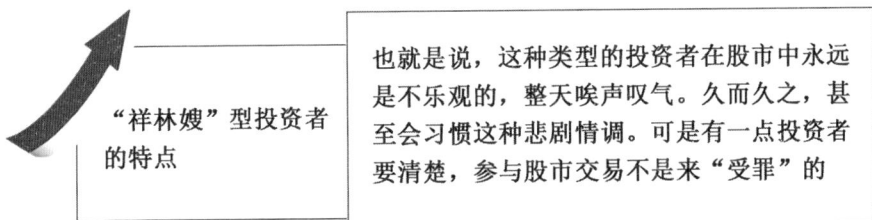

也就是说，这种类型的投资者在股市中永远是不乐观的，整天唉声叹气。久而久之，甚至会习惯这种悲剧情调。可是有一点投资者要清楚，参与股市交易不是来"受罪"的

"祥林嫂"型投资者的特点

图9-24　"祥林嫂"型

（6）"入戏太深"型投资者的特点如图9-25所示。

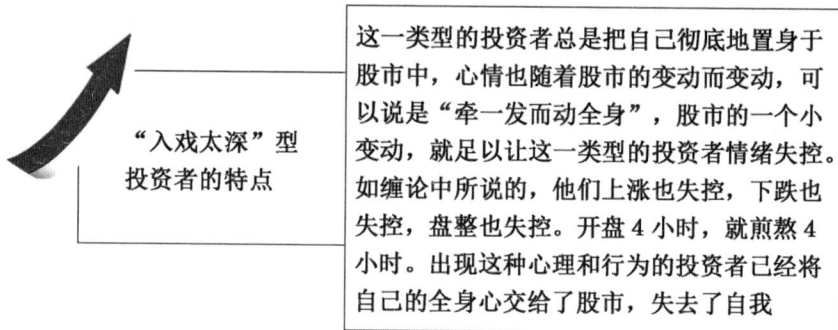

"入戏太深"型
投资者的特点

这一类型的投资者总是把自己彻底地置身于股市中，心情也随着股市的变动而变动，可以说是"牵一发而动全身"，股市的一个小变动，就足以让这一类型的投资者情绪失控。如缠论中所说的，他们上涨也失控，下跌也失控，盘整也失控。开盘4小时，就煎熬4小时。出现这种心理和行为的投资者已经将自己的全身心交给了股市，失去了自我

图9-25　"入戏太深"型

（7）"偏执狂"型投资者的特点如图9-26所示。

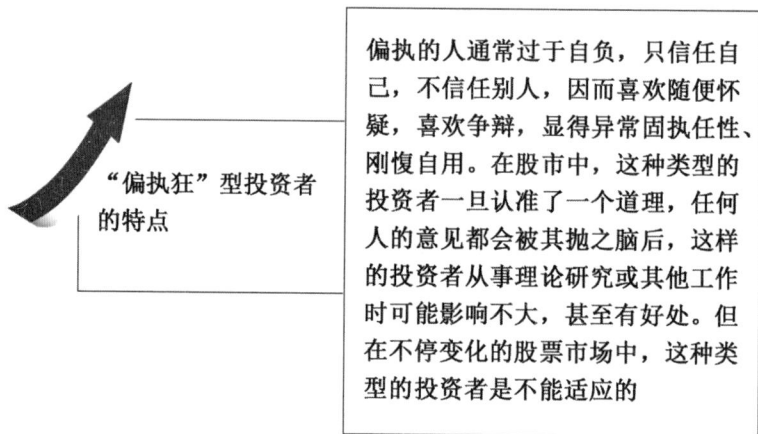

"偏执狂"型投资者
的特点

偏执的人通常过于自负，只信任自己，不信任别人，因而喜欢随便怀疑，喜欢争辩，显得异常固执任性、刚愎自用。在股市中，这种类型的投资者一旦认准了一个道理，任何人的意见都会被其抛之脑后，这样的投资者从事理论研究或其他工作时可能影响不大，甚至有好处。但在不停变化的股票市场中，这种类型的投资者是不能适应的

图9-26　"偏执狂"型

（8）"赵括"型投资者的特点如图9-27所示。

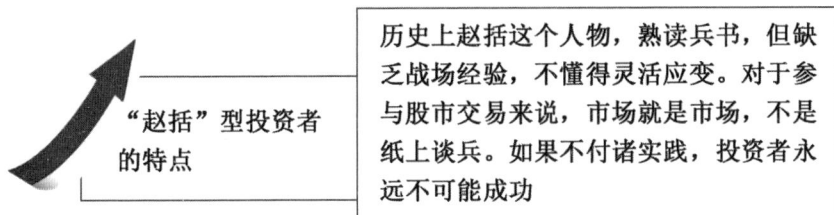

"赵括"型投资者的特点

历史上赵括这个人物，熟读兵书，但缺乏战场经验，不懂得灵活应变。对于参与股市交易来说，市场就是市场，不是纸上谈兵。如果不付诸实践，投资者永远不可能成功

图9-27　"赵括"型

上述 8 种类型的投资者，以及前面解析的有博弈心理的投资者、股评心理的投资者、躁动心理的投资者都是不适合参与股市交易的。